삼성 신화경영의 대가

삼성 신화경영의 대가

초판 1쇄 인쇄 | 2024년 06월 01일
초판 1쇄 발행 | 2024년 06월 07일

지은이 | 김찬웅
펴낸이 | 채규선

대표 | 나영란
편집 | 고유라
마케팅 | 신광렬
펴낸곳 | 세종미디어

출판등록 | 2012.08.02. 제2012-000134
주소 | 경기도 고양시 덕양구 백양로 15, 1605-304
전화 | 070-4115-8860
팩스 | 031-978-2692
이메일 | sejongph8@daum.net

ISBN 978-89-94485-53-9 03320
값 18,000원

삼성 신화경영의 대가

김찬웅 지음

이서

호암 이병철, 그 거대한 이름과 만나다

호암 이병철. 저는 그 이름을 다시 듣는 순간부터 가슴이 설레었습니다. 호암에 대한 글을 써야겠다, 마음을 굳혔을 때까지도 떨림은 계속되었습니다. 가장 고민이 되었던 것은 제가 과연 그분의 삶을 제대로 그려낼 수 있을까, 하는 점이었습니다.

저는 먼저 호암이 태어난 곳, 경남 의령군 중곡면 중교리를 찾아갔습니다. 그곳에 가면 글의 실마리가 풀릴 것 같았기 때문입니다. 은은하고 고고한 멋을 풍기는 호암 생가에서 한참을 머물러 있었습니다. 그 바로 앞집은 박두을 여사와 결혼하여 새 살림을 시작했던 곳이라고 합니다.

생가에서 나와 2km쯤 떨어져 있는 문산정에 갔습니다. 조용한 산속에 자리한 문산정은 호암이 5년 동안 한학을 공부한 서당입니다. 호암의 정신이 유학에 뿌리를 두고 있는 이유가 바로 여기에 있습니다. 호암은 특히 『논어』는 평생 옆에 두고 보았다고 합니다.

문산정을 나와 부산 앞바다로 갔습니다. 바다를 바라보며 시노모세키로 향하는 배를 타고 일본 유학을 떠나는 호암의 모습을 그려보았습니다. 그 배 안에서 일본 경찰에게 참기 힘든 모욕을 당한 호암은 그때부터 '사업보국(사업으로 나라에 보답한다)'을 꿈꾸었습니다. '나라가 강해지려면 국민의 살림살이가 풍요로워져야 한다. 대한민국은 무슨 일이 있어도 풍족하고 강한 독립 국가가 되어야 한다.'고 생각했던 것이죠.

호암은 우리 민족 최대의 비극인 6·25전쟁부터 4·19혁명, 5·16군사쿠데타, 12·12사태에 이르기까지 격동과 갈등의 역사를 온몸으로 헤쳐 나온 분입니다. 정권이 바뀔 때마다 부정축재자로 몰린 것도 모자라 마침내는 밀수범이라는 오명까지 뒤집어썼습니다. 그때의 호암 마음을 어찌 헤아릴 수 있겠습니까. 어느 누가 짐작이나 하겠습니까.

답답했을 겁니다. 억울했을 겁니다. 그래도 호암은 자신의 혼이 담긴 기업체들을 팔아 한비공장을 지었고, 나라에 바쳤습니다. 무엇 때문이겠습니까? 그것은 바로 이 나라와 국민들을 위해 내린 결단이었습니다.

하지만 여전히 색안경을 쓰고 호암을 바라보는 이들이 많습니다. 그들은 단지 '밀수'에만 초점을 맞추고, 부도덕한 기업인이라고 몰아붙이려고 듭니다. 이상하게도 한비 공장을 지어 나라에 바친 일은 대수롭지 않게 여깁니다.

　우리나라 산들을 푸르게 가꿔 후손들에게 물려주자는 생각에 일구기 시작한 용인자연농원을 두고도 자연을 파괴하는 짓이라는 등 반사회적인 사업이라는 등 입방아를 찧어대는 사람들이 있었습니다. 그러나 호암이 나무 한 그루, 풀 한 포기, 돌 하나에도 정성을 기울여 만든, 푸르고 풍성한 자연농원은 지금 우리 어린이들이 가장 좋아하는 놀이공원이 되었습니다. 호암을 향해 입에 담지 못할 비난을 퍼부었던 사람들이 부모 손을 잡고 공원 이곳저곳을 돌아다니며 즐거워하는 아이들의 모습을 보면 뭐라고 할지 궁금할 따름입니다.

　한비 공장을 나라에 바친 호암은 그 즉시 경영 일선에서 물러납니다. 하지만 한비 공장을 짓느라 재정 상태가 엉망이 된 삼성은 호암을 원했고, 호암은 자신의 생명이나 다름없는 삼성을 위해 잠시 접어두었던 날개를 폅니다. 그 시작은 바로 삼성전자였습니다.

　그 후 호암은 반도체를 미래의 사업으로 정하면서 생의 마지막 불꽃을 활활 태웁니다. 대한민국의 반도체 신화, 호암의 혜안과 나라를 생각하는 마음이 없었다면 불가능했을 겁니다. 위기를 두려워하지 않는 분, 아니 오히려 위기에서 희망을 찾고, 희망을 현실로 만들었던 분이 호암 아닌가 싶습니다. 그 담대하고도 강한 정신력이 삼성의 기적, 대한민국 반도체 신화를 낳은 것 아닐까요.

　글을 쓰는 내내 호암이 제 안에 들어오기를, 제 손을 빌어 못다 한 이야기를 펼쳐놓기를 바라고 또 기도했습니다. 저는 호암이 품었던 큰 뜻이, 조금이라도 이 책을 통해 독자들에게 전해진다면 더 바랄 것이 없습니다. 서투른 제 글이 호암에게 누가 되는 것은 아닌지, 미안하고 송구한 마음은 여전합니다.

지은이 김찬웅

차 례

제3장
반도체, 새로운 신화를 창조하다

▲ 호암 생가

제1장

누가 삼성을
죽이려 하는가

사카린을 밀수한 것이
사실입니까?

"호외요, 호외! 재벌 기업 밀수! 삼성, 사카린 밀수!"

서울 시내 곳곳에서는 이른 아침부터 신문 파는 아이들의 힘찬 목소리가 하늘 높이 울려 퍼졌다. 아이들은 가을 소풍을 나온 것처럼 신이 나서 출근을 서두르는 사람들에게 호외를 나눠주었다. 놀라운 소식이었다. 사람들은 너나 할 것 없이 걸음을 멈추고 심각한 표정으로 호외를 들여다보았다.

"도대체 얼마나 돈을 더 벌겠다고 이런 짓까지 하는 거야?"

"재벌이라는 놈들이 더 치사하고 지독해."

가시 돋친 말들이 거리 여기저기에서 터져 나왔다. 우리나라 10대 기업 중 하나인 판본방직이 2500만 원 상당의 일제 테트론을 원면으로 가장해서 밀수입한 것이 불과 한 달 전의 일이었다. 그 사건이 마무리되기도 전에 삼성이 사카린을 밀수했다는 기사가 나오자 사람들은 치밀어 오르는 분노를 참을 수 없었던 것이다. 호외는 사람들의 손에 의해 갈기갈기 찢겨져 휴지통 속으로 들어갔다.

그날 오후. 호암은 일본 협력업체에서 한비에 설치할 기계와 설비를 꼼꼼히 살펴보고 있었다. 호암의 머릿속에는 하루빨리 한비 공장을 세워야 한다는 생각밖에 없었다. 10년 동안 품어왔던 꿈이었다. 그 꿈이 현실이 되어 눈앞에 펼쳐질 날이 멀지 않았던 것이다.

호암은 부푼 마음으로 자신의 꿈을 이루어줄 기계들을 쓰다듬었다. 그때였다. 사무실에 있던 일본 협력업체 직원이 급하게 뛰쳐나왔다. 직원은 주위를 둘러보더니 곧바로 호암 수행비서에게 달려갔다. 직원과 몇 마디 주고받던 수행비서의 얼굴이 딱딱하게 굳어졌다.

"회장님, 서울 본사에서 전화가 왔습니다."

수행비서는 급히 호암에게 다가갔다.

"무슨 일로?"

한참 달콤한 상상에 젖어 있던 호암은 마뜩찮은 듯 내뱉었다. 그는 지금 한국에서 무슨 일이 벌어지고 있는지 짐작조차 하지 못하고 있었다.

"저도 잘 모르겠지만 좋지 않은 소식인 듯합니다."

호암은 고개를 갸우뚱하더니 수행비서를 따라 사무실 안으로 들어갔다. 전화를 건 사람은 본사 비서실장이었다.

"회장님. 상황이 묘하게 돌아가고 있습니다."

비서실장은 한비 보세창고에 들어와 있던 특수 약품 OTSA를 당국의 허가도 받지 않은 채 내다판 것이 문제가 되어 마치 삼성이 밀수를 한 것처럼 오해받고 있다고 했다. 그 일로 삼성을 비난하고 규탄하는 목소리가 갈수록 커져가고 있다는 말도 덧붙였다. 이탈리아 몬테카티니사^{현 몬테디손사}가 개발한 OTSA는 비료를 만드는 데 없어서는 안 될 재료로 사카린의 원료이기도 했다. 뭔가 심상치 않았다.

"니는 당장 한국행 비행기가 몇 시에 있나 알아보라."

호암은 수화기를 내려놓고 담담한 표정으로 수행비서에게 지시했다. 하지만 뒷덜미가 서늘해지는 느낌을 좀처럼 지울 수 없었다. 한비 공장을 짓기 시작한 지도 벌써 1년이 지난 1966년 9월 16일의 일이었다.

한국행 비행기 표는 다음 날 오전 11시에 있었다. 호암은 어쩔 수 없이 하루 더 일본에서 묵어야 했다. 수행비서와 함께 호텔로 돌아온 호암은 밤늦게까지 잠을 이루지 못했다. 한국에서 정확히 어떤 일이 일어나고 있는지 알 수 없었기 때문이었다.

호암은 아침 일찍 일어나 하네다공항으로 향했다. 부정축재자로 몰렸을 때도, 삼분폭리사건으로 언론사들이 시끄럽게 떠들었을 때에도 침착했던 호암이었다. 하지만 이번에는 달랐다. 마음을 가라앉히려 애쓸수록 발걸음은 점점 더 빨라졌다.

호암을 태운 노스웨스트 항공기는 오후 1시 10분에 김포공항에 도착했다. 호암이 돌아왔다는 사실을 눈치 챈 공항 출입 기자들이 로비에 모여 정보를 주고받고 있을 때였다. 곧이어 도쿄발 노스웨스트 항공기가 도착했다는 안내 방송이 나왔다. 그리고 20분쯤 후 호암이 로비에 나타나자 공항 출입 기자들이 마치 벌떼처럼 호암에게 달려들어 질문을 퍼부었다. 그와 동시에 카메라 플래시가 여기저기서 번쩍거렸다.

　"이 회장님! 이번 한비사건을 어떻게 생각하십니까?"

　"사카린을 밀수한 것이 사실입니까?"

　"미안하지만 지금 막 일본에서 돌아오는 길이라 아는 바가 없소."

　호암은 쏟아지는 질문을 뒤로하고 걸음을 재촉했다. 공항에 나와 있던 삼성 직원들이 호암을 에워싸고 기자들을 밀치며 로비를 빠져나왔다.

　호암은 대기하고 있는 전용 승용차에 올라 신문을 펼쳐 들었다. 신문은 한국 제일의 기업 삼성이 밀수를 했다는 비난 기사로 가득 채워져 있었다. 삼성이 사카린 원료 2400부대負袋를 한창 공사 중인 한국비료의 건설 자재로 위장해 들여오다 세관에 적발되었다는 것이다.

　여야는 이 문제를 놓고 특별조사 위원회 구성을 논의하기 시작했다고 한다. 야당에서는 관계 부처 장관에게 책임을 물어야 한다고 나왔고, 일부 여당 의원들도 한비사건을 전면 재수사해야 한다고 주장했다는 기사도 보였다.

호암은 신문을 움켜쥐고 신음하듯 낮게 소리쳤다.

"대체 누가 삼성을 죽이려 하는가!"

삼성의 불행은 국가 전체의 불행이다

40여 년 전 우리나라 기업사상 초창기에 설립되었던 회사 중 지금까지 건재하는 회사는 삼성과 삼양 두 회사밖에는 없다. 삼성이 그간 국가 경제에 그나마 크게 기여해 왔음을 돌이켜 봄과 동시에 만일 현 시점에서 삼성이 무너진다면 이는 우리 그룹 하나의 불행으로 끝나는 것이 아니라 국가와 사회에 엄청난 손실을 주게 된다는 것을 명심해야 하는 것이다.

– 1983. 9. 6. 그룹 고문단회의에서

폭우처럼 쏟아지는
비난의 화살

삼성빌딩에 도착한 호암은 곧장 자신의 사무실로 들어갔다. 토요일 오후여서 직원들은 대부분 퇴근하고 없었다. 호암은 의자에 앉아 지그시 눈을 감았다. 지난 5월에 있었던 일이 떠올랐다.

성상영成尙永 한비 부사장에게 OTSA가 유출되었다는 보고를 받은 것이 5월 22일이었다. 한비 상무인 이일섭李逸燮이 일본에서 들여온 OTSA 1400여 부대를 금북화학에 팔려다 부산 세관 감시과 직원에게 걸렸다는 것이다.

금북화학은 사카린을 만드는 회사였다. 사카린은 설탕보다 500배 정도 더 단맛이 난다. 따라서 시중에 사카린이 많이 나돌면 제일제당은 손해를 입을 수밖에 없었다. 그만큼 설탕이 팔리지 않기 때문이다. 더군다나 사카린은 사람 몸에 해로운 물질로 알려져 있었다. 특히 방광암을 일으킬 수 있어 현재는 식용으로 사용되지 않고 있다.

그때 호암은 성 부사장에게 단호하게 말했었다.

"이번 일은 성 부사장이 책임지고 수습하시오. 이일섭 상무에 대해 인사 조치를 하고, 창희昌熙도 한비에서 손을 떼게 하시오."

한비의 이사를 맡고 있는 창희는 호암의 둘째 아들이었다. 이일섭 상무와 아들의 행동이 한비를 위한 것이었다 해도 호암은 받아들일 수 없었다. 회사를 위해 잘하려고 애쓰다 실수를 저지른 사원에게는 상을 주어 격려하라고 강조해 온 호암이었다. 하지만 정도를 벗어난 행동은 결코 용서하지 않았다. 그 행동으로 회사에 큰 이익이 생겼다 해도 마찬가지였다. 믿었던 아들이었기에 더 크게 실망한 호암은 창희를 불러 준엄하게 꾸짖고 도쿄지사로 가서 일하라고 일렀다.

그 후 6월에 들어서서 호암은 성 부사장에게 2400여 만 원의 벌금을 냈다는 보고를 받았다. 세관에서 매긴 원가의 4배에 달하는 금액이었다.

호암의 머릿속은 복잡해졌다.

벌금을 내는 선에서 마무리될 것 같았던 사건이 3개월이 지난 지금 새삼스럽게 불거진 이유는 무엇일까.

호암은 일요일인 다음 날 아침부터 중역들을 모아놓고 대책회의를 가졌다. 그러나 이번 사태가 어떻게 번질지 냉정하게 예측하고 분석해서 답을 내놓는 사람은 아무도 없었다. 대부분의 중역들은 재무당국과 검찰을 믿고 기다려 보자며 호암의 눈치만 살폈다. 그들의 말이 아주 터무니없는 것만은 아니었다. 16일 오후 재무당국은 공식적으로 다음과 같이 발표했던 것이다.

　밀수사건의 주모자는 한비에서 상무이사로 근무하던 이일섭이다. 그는 지난 5월 5일 주소 불명의 이창식李昌植과 손을 잡고 사카린 원료인 OTSA 2400부대를 건설자재와 함께 밀수입했다.

　주모자 이일섭은 5월 16일 시가 101만 원 상당의 141부대를 시중에 팔았고 뒤이어 1403부대를 부산시 동래구 소재 금북화학공업주식회사에 정상 수입품인 것처럼 매각하려 5월 19일 부산 세관 감시과 직원에게 적발되었다.

　그 후 이일섭은 남은 856부대를 세관에 신고했고, 세관은 이 856부대와 금북화학에 팔려던 1403부대 등 모두 2259부대를 압수했다.

　세관은 사카린 원료의 감정 가격을 500만 원으로 정하고 그 금액의 4배에 달하는 2220만 원유출된 141부대에 대한 추징금 포함을 이일섭으로부터 추가 징수했다.

검찰총장 역시 한비의 사카린 원료 밀수사건은 특정범죄가중처벌법 제6조 2항 2호에 해당한다며 "법률을 잘못 적용한 것은 사실이지만 이는 세관의 책임이다. 검찰은 벌과금을 낸 후에 알았기 때문에 관세법 제245조 일사부재리의 원칙을 따를 수밖에 없다."고 말했다. 다시 말해 한 번 처벌을 받은 사건을 다시 처벌할 수 없다는 뜻이었다.

이렇듯 한비사건이 다시 불거졌을 때 처음에는 정부도 적극적으로 삼성을 감싸려 했다. 이창식은 이창희의 가명이었던 것이다. 정부는 밀수사건에 개입된 사람은 누구든 처벌할 수밖에 없는 입장이었다. 그러나 차마 이창희를 잡아넣을 수는 없었기에 가명을 쓰고 주소 불명이라고 얼버무린 것이다. 따라서 차츰 시간이 흐르면 떠들썩한 분위기가 가라앉지 않겠느냐는 것이 중역들의 의견이었다.

하지만 호암의 생각은 달랐다. 이번 사건은 의외로 심각해질 수 있었다. 동물적인 본능이 그것을 알려주고 있었다. 호암은 별 소득 없는 회의를 끝내고 중역들에게 일렀다.

"앞으로 무슨 일이 벌어질지 모르니 각오, 단단히 하시오."

박정희朴正熙 대통령이 '밀수'를 '5대 사회악'의 하나로 규정해놓고 있는 상황이었다. 정부는 여론이 나빠져 불길이 자기 쪽을 향하면 민심을 얻기 위해 가차 없이 삼성을 희생양으로 삼을 수도 있었다. 타 언론사들이 삼성이 중앙일보와 TBC 방송국을 세운 것을 못마땅하게 여기고 있다는 것도 악재였다. 당시만 해도 언론계의 상황은 그다지 좋지 않았다. 형편없는 보수 탓에 뒷돈을 받고 기사를 써주는 기자들도 많았다. 대부분의 기자들이 비리를 저지르지 않고는 살아가기 힘들었던 것이다.

▲ 중앙일보 창간호를 손에 들고 보는 호암(1965년 9월 22일)

　그런 상황에서 삼성이 최고의 보수를 약속하며 비리를 없애겠다
고 나왔으니 긴장하지 않을 수 없었다. 더구나 중앙일보는 창간 이
후 빠르게 자리를 잡고 성장해 나갔다. 창간 38일 만인 1965년 10
월 말에는 17만 2000부가 고정적으로 유료 독자에게 배포되었고,
1년 후에는 28만 부를 넘겨 정상의 위치에 올라섰다.

　그 무렵 중앙일보 홍진기洪璡基 사장은 "신문도 상품이므로 자율
경쟁을 할 것이다. 앞으로 중앙일보는 가격을 자유롭게 정할 것이
다. 비싸게 팔 수도 있지만 무료로 나눠줄 수도 있다. 부수는 한없
이 늘려나갈 것이다."는 말을 해서 타 언론사들을 불안하게 만들었
다. 한마디로 그들에게 중앙일보는 눈엣가시 같은 존재가 된 것이다.

　한비사건은 눈엣가시를 없앨 수 있는 참으로 좋은 기회였다. 그
들 입장에서는 호박이 넝쿨째 굴러든 셈이었다. 그들이 이때다 싶

어 이미 끝난 사건을 물고 늘어져 '재벌 기업 삼성이 밀수를 했다.' 고 연일 크게 떠들어댄다면 삼성을 비난하는 목소리는 점점 더 높아질 수밖에 없었다. 결국 그 목소리는 호암을 벼랑 끝으로 내몰 것이었다.

호암은 이번 사건을 터트린 것이 야당이 아닌 여당이라는 사실을 감지하고 있었다. 짚이는 인물이 있었던 것이다. OTSA사건이 터지기 한 달 전쯤의 일이었다. 막강한 권력을 손에 쥐고 흔들던 공화당의 실력자가 호암을 찾아와 한비 주식의 30%를 달라고 요구했었다. 호암이 정중하게 거절하자 그 정치인은 노골적으로 불만을 터뜨리고 돌아갔었다.

그 일로 자존심에 상처를 입은 정치인이 호암에게 보복을 하기 위해 의도적으로 사건을 키우는 것일지도 몰랐다.

호암의 예감은 정확하게 맞아떨어졌다. 다음 날인 19일 오전, 박정희 대통령은 검찰총장에게 사카린밀수사건을 전면 재수사하라는 지시를 내렸다. 청와대 대변인은 박 대통령이 법무장관과 재무장관, 대검총장 등을 청와대로 불러 한비사건에 대한 보고를 받고 이와 같이 지시했다고 밝혔다.

한편 야당 의원들은 한비사건의 범인들을 즉시 잡아들이고 엄중히 처벌하여 다시는 이런 일이 생기지 않도록 하라고 요구했다. 그러면서 법을 잘못 운영한 데에는 대통령에게도 책임이 있다고 주장했다.

신한당 윤보선尹潽善 총재는 기자회견을 갖고 "재벌의 밀수 행위는 가증스럽기 그지없는 것으로 극형에 처해야 마땅하다. 또한 그것이 권력의 비호하에 이루어진 이상 보다 원천적인 책임이 있는 박 정권이 물러나야 한다."고 말했다.

국회에서는 여야 공동으로 사카린밀수사건의 진상을 밝히기 위해 기획·재무·상공·법무 등 4부 장관에 대한 출석요구서를 사무처에 접수시켰다.

상황은 숨 돌릴 틈 없이 빠르게 악화되어 갔다. 그날 오후 재무장관은 기자회견을 열고 정식으로 국민에게 사과했다.

"한비의 사카린밀수사건을 잘못 처리한 점, 정말 죄송하게 생각합니다. 재무부는 앞으로 모든 부분에 대해 강력한 수사를 하게 될 대검에 적극 협조하여 이번 사건이 공정하고 엄중하게 처리되도록 최선을 다할 것입니다."

대검도 곧바로 한비사건을 전담하는 특별수사반을 편성했다. 특별수사반의 지시를 받은 부산지검은 부산 세관이 한비로부터 사카린을 사들인 금북화학에 대해서는 아무런 조치도 취하지 않았다는 점에 주목하고 금북화학 간부들을 검찰로 불러들였다. 세관 직원 중에 금북화학과 공모한 자가 있는지 조사하기 위해서였다.

20일에는 그때까지 입을 다물고 있던 장기영張基永 경제기획원 장관마저 한비의 사카린밀수를 신랄하게 비난했다. 그러자 각 신문사들은 기다렸다는 듯 또다시 한비사건을 대대적으로 보도하기 시작했다.

　나중에 안 사실이지만 공교롭게도 호암을 찾아왔던 정치인의 형이 금북화학에 일정량의 OTSA를 공급했던 업체와 관련이 있었다. 금북화학이 어느 날부터인가 OTSA를 가져가지 않자 그 사람이 나서서 내막을 조사했고, 그 결과 더 싼 가격에 삼성에서 사서 쓰고 있다는 사실을 알아냈던 것이다. 빌미를 잡았으니 쉽게 물러날 형제가 아니었다.

　정치인의 형은 도쿄에서 발행되는 잡지 「다카라寶」에 '삼성은 명백한 밀수 재벌이다. 지금 삼성은 일본의 재벌과 손을 잡고 한국을 다시 일본의 식민지로 만들려는 음모를 꾸미고 있다.' 는 식의 기사를 실었다. 참으로 터무니없는 내용이었다.

　그가 국내 신문사 사장들을 모아 삼성이 밀수를 했다는 정보를 흘리고, 그에 대한 기사를 쓰도록 유도했다는 소리도 들렸다. 실제로 삼성은 처음 기사가 실린 9월 16일부터 무려 45일 동안이나 매스컴과 정부 사정 기관, 그리고 국민들에게 그야말로 무차별적인 공격을 받았다.

　삼성을 겨냥한 비난의 화살은 마치 폭우처럼 쏟아졌다. 기사로는 부족해서 사설까지 동원하여 하루도 빠지지 않고 삼성을 공격하는 신문도 있었다.

　호암은 생전 처음으로 사면초가라는 말을 실감했다. 세상 사람들이 모두 삼성에 등을 돌리는 듯한 느낌이었다.

이쪽에서 화살을 날리면 저쪽에서는 대포를 쏘며 응원하는 격이 아닌가.

호암은 자신의 인생에 최대 위기가 닥쳤다는 것을 알았다.

인간의 양면성

사람이란 아무리 정상적이라 하더라도 선과 악, 합리와 불합리, 광기와 정성, 본능과 이성을 아울러 가지고 있다. 이처럼 엇갈리는 두 면을 가지고 있기 때문에 사람은 누구나 심리의 야릇한 갈등을 경험하게 된다. 또한 아무리 선량한 사람이라도 어느 순간에 악에의 유혹이나 부정에의 충동을 느끼는가 하면 아무리 악한 사람이라도 선량하게 될 수 있는 것도 이런 때문이다.

ㅡ 1976. 6. '재계회고'(서울경제신문)에서

한비 건설의 꿈이
열리다

호암은 서재에 혼자 앉아 한비 공장을 세우기 위해 노력했던 지난날들을 돌아보았다. 아무런 잘못도 없이 욕을 먹는 자신의 처지가 억울했다. 그러나 가장 안타까운 것은 그동안 쏟아 부은 노력이 한순간에 물거품이 될지도 모른다는 사실이었다.

호암이 비료사업에 뛰어든 것은 호남비료의 주식45%을 사들이면서부터였다. 1950년대 후반의 일이었다. 제일제당과 제일모직의 연이은 성공으로 한국 제1의 재벌이 된 호암은 앞으로 어떤 사업을 해도 성공할 수 있다는 자신감을 갖게 되었다.

그즈음 사람들 사이에서는 '우리나라 대통령은 세 사람'이라는 말까지 나돌았다. 한 사람은 이승만李承晚 대통령이고, 또 한 사람은 미국 대사, 그리고 나머지 한 사람은 경제계의 이병철李秉喆이라는 것이다. 그것은 국민들이 호암에게 큰 기대를 걸고 있다는 방증이

기도 했다. 국민들은 호암이 허약한 국가 경제를 튼튼하게 만들어 모두가 잘살 수 있는 길을 열어주기를 바라고 있었다.

호암이 국가 경제를 발전시킬 수 있는 기간산업을 해야겠다는 생각에 비료공장을 지어야겠다는 마음을 굳힌 것도 그 때문이었다. 제일제당과 제일모직을 통해 먹는 문제, 입는 문제를 어느 정도 해결했다는 자부심은 있었지만 그것만 가지고는 부족했다. 기업인이라면 사회 전체를 풍요롭게 만들 수 있는 일을 해야 했다.

농촌에서 태어난 호암은 어릴 때부터 비료가 모자라서 고생하는 사람들을 많이 봐 왔다. 당시 전 국민의 60%가 농업 인구였음에도 불구하고 농사를 짓는 데 필요한 비료를 대부분 외국에서 들여오고 있었던 것이다. 비료는 수입품 중에서도 비싼 편이라 우리 힘으로 만들어 사용할 수만 있다면 엄청난 외화를 절약할 수 있었다.

물론 우리나라에 비료공장이 아주 없는 것은 아니었다. ICA International Cooperation Administration: 국제협조처, 지금의 AID 자금으로 지은 충주비료와 정부가 보유하고 있던 달러로 지은 나주비료가 있었다. 하지만 두 공장의 연간 생산량을 합쳐봤자 고작 10만 톤에 불과했다. 그 정도로는 해마다 늘어나는 비료 수요를 감당해 낼 수 없었다. 지금 당장 필요한 비료만 해도 40만 톤에 이르렀다. 하루빨리 연간 30만 톤 이상을 생산해 낼 수 있는 번듯한 비료공장을 세워야하는 이유가 바로 여기 있었다. 그것은 또한 호암의 절실한 꿈이기도 했다.

하지만 큰 걸림돌이 있었다. 비료공장을 짓고 운영할 수 있는 자본과 기술을 어디서, 어떻게 구하느냐는 것이었다. 그중에서도 자본 문제가 더 심각했다. 기술은 돈만 있으면 사올 수 있었기 때문이었다. 1차로 적어도 5000만 달러는 들어갈 텐데 국내 상황으로는 그 많은 돈을 마련한다는 것이 불가능했다.

호암은 자본 문제를 해결하기 위해 학자들에게 자문을 구해 봤지만 그들도 뚜렷한 답을 내놓지 못했다. 답답한 일이었다. 호암은 머리도 식히고 돌파구도 찾을 겸 해외 여행길에 올랐다. 1959년 늦은 가을이었다.

호암이 미국을 돌아보고 도쿄에 들렀을 때는 마침 세밑이었다. 갑자기 눈이 많이 내려 도쿄 시내는 온통 새하얗게 변해 있었다. 호암은 새해를 도쿄에서 맞이하기로 했다. 이때부터 호암은 가끔 새해를 도쿄에서 보냈다. 오쿠라大倉호텔에 머물며 혼자 조용히 지난해를 되돌아보고 새로운 사업을 구상하기도 했다. 그리고 될 수 있는 대로 여러 분야의 전문가를 만나 그들이 가지고 있는 다양한 정보와 의견을 귀 기울여 들었다.

호암이 차관에 대한 아이디어를 얻은 것도 도쿄에서였다. 1960년 새해를 맞이해 텔레비전에서 하는 특집 프로그램을 보다가 개인 사업가가 외국에서 차관을 얻어 사업한다는 내용을 접하게 되었던 것이다. 호암은 그때 처음으로 개인 사업가도 차관을 얻을 수 있다는 사실을 알았다. 답답했던 가슴이 시원하게 뚫리는 기분이었다.

호암은 귀국하자마자 이기붕李起鵬 국회의장을 만나 외국에서 차관을 얻어 대규모 비료공장을 세우려 한다고 말했다. 이 의장은 훌륭한 생각이라며 호암을 격려해 주었다.

"우리나라로서는 처음이라 장담할 수는 없지만 삼성이라면 충분히 해낼 수 있을 겁니다. 최대한 지원하겠습니다."

이 의장의 긍정적인 반응에 용기를 얻은 호암은 다음 날 경무대로 이승만 대통령을 찾아갔다. 호암이 사업 관계로 이 대통령을 찾은 것은 이번이 처음이었다. 이 대통령은 반갑게 호암을 맞이했다.

"이 사장, 나라 경제 발전에 힘쓰고 있다는 얘기는 익히 들어 알고 있네. 그래 요즘 사업은 어떤가?"

정감이 배어 있는 말이었다. 독립운동 자금을 댔던 호암 아버지 이찬우李纘雨와 친분이 있는 이 대통령은 호암을 자식처럼 대했다.

"각하께서 염려해 주시고 나라 경제도 차츰 좋아지고 있어 잘되고 있습니다."

호암은 조심스럽게 입을 열었다. 이 대통령이 외국에서 차관을 얻어 쓰는 일에 대해 몹시 부정적인 생각을 가지고 있다는 것을 잘 알고 있었기 때문이었다. 이 대통령은 차관을 마치 개인 간의 빚처럼 여기고 있었다. 따라서 다른 나라 돈을 가져다 쓰면 당당하게 대하기 힘들다는 이유를 들어 차관 쓰는 일을 반대했다.

"하지만 몇 가지 중요한 품목을 국내에서 생산하지 못하고 있어 해마다 많은 외화가 외국으로 빠져나가고 있습니다."

이 대통령은 잔뜩 얼굴을 찌푸렸다. 1000달러만 넘어도 이 대통령의 결재를 받아야 쓸 수 있었던 때였다. 정부에서 가지고 있는 달러가 3000만 달러도 채 되지 않았다.

"저는 지금 우리나라 기업인들이 해야 할 일은 수입대체산업을 하나라도 더 일으켜 달러를 아끼는 것이라고 생각합니다."

호암의 말에 이 대통령은 묵묵히 고개를 끄덕였다.

"그래서 저는 비료공장을 세우려고 합니다. 현재 단일 수입품목으로 가장 많은 외화가 들어가는 것이 바로 비료이기 때문입니다."

이 대통령이 호암의 눈을 쳐다보았다. 호암은 좀 더 목소리를 높였다.

"우리나라가 필요한 만큼의 비료를 스스로 만들어 쓰려면 소규모 공장으로는 안 됩니다. 적어도 국제 수준을 넘어서는 현대적인 대규모 공장을 세워야 합니다. 그러기 위해서는 최소한 4000~5000만 달러가 있어야 합니다."

"뭐? 4000~5000만 달러?"

순간 이 대통령은 깜짝 놀랐다. 엄청난 액수에 충격을 받은 것 같았다.

"그렇습니다. 하지만 너무 걱정하지 마십시오. 정부가 가지고 있는 달러는 하나도 건드리지 않겠습니다. 저는 그 문제를 유럽에서 차관을 얻어 해결할 생각입니다."

이 대통령은 만족스러운 듯 기분 좋게 웃었다.

"그거 아주 좋은 생각이군. 역시 이 사장이야. 훌륭해. 이 사장만 믿을 테니 반드시 성사시키도록 하게. 정부에서도 적극 지원해 주겠네."

이 대통령은 흔쾌히 호암이 들고 간 서류에 사인을 해주었다. 호암도 기쁜 마음으로 경무대를 나왔다. 단돈 1달러도 아껴 쓰는 이 대통령이 수천 만 달러의 차관을 빌리려는 자신의 계획을 선뜻 받아들일지 몰랐던 것이다.

하지만 기쁨이 머문 시간은 잠시였다. 이 대통령의 사인을 받아낸 만큼 반드시 차관을 들여와야 한다는 책임감이 호암의 마음을 무겁게 했다. 이제부터가 시작이었다. 호암은 수없이 많은 어려움이 자신의 발목을 잡을 것이라는 사실을 알고 있었다. 그러나 두렵지는 않았다. 나라를 위해, 국민을 위해 하는 일이었다. 두려울 이유가 없었다.

실패를 두려워하면 성공할 수 없다

실패를 두려워하지 않는 돌격정신(突擊精神)을 길러야겠다. 행여 뒤따를지 모르는 실패가 무서워 책임을 회피하려는 무기력한 사람들이 모인 사회나 기업은 결코 성장할 수 없는 것이다.

– 1977. 1. 1. 신년사에서

꿈을 향해
유럽으로 떠나다

이승만 대통령의 허락을 얻은 호암은 곧바로 비료공장 건설을 위한 구체적인 계획을 세우기 시작했다. 전문가들의 의견도 들었고, 관련 자료도 많이 살폈다. 차츰 자신감이 생겼다. 그러나 한편으로는 허황된 공상에 사로잡혀 있는 건 아닌가, 하는 생각이 좀처럼 떠나질 않았다.

4000~5000만 달러는 정부가 나선다고 해도 빌리기 힘든 금액이었다. 1959년 당시 우리나라의 총 수출액은 1980만 달러였다. 대외 신용도는 바닥을 기고 있었고, 국내외적으로 한국 경제는 미국의 원조가 없으면 무너진다는 인식이 팽배했다. 또한 전쟁이 끝나고 휴전이 되었다고는 하지만 여전히 남과 북이 대치하고 있는 상태였다. 외국인들의 눈에 비친 한국은 언제 전쟁이 터질지 모르는 위험한 나라였다.

이런 상황에서 호암이 유럽에서 큰돈을 빌려 대규모 비료공장을 지으려 한다는 소문이 퍼지자 경제인들까지 고개를 흔들었다. 아무리 호암이라 해도 이번 일은 성사시키기 힘들다는 것이 많은 이들의 의견이었다. 호암도 내심 불안했다. 아직 후진국에 불과한 한국의 일개 기업인에게 거액의 차관을 내줄 사람이 과연 있을까.

호암은 차관을 들여와 공장을 세운 나라가 있는지 알아보았다. 그 결과 인도와 파키스탄은 미국에서 15억 달러를 빌려 쓰고 있고, 프랑스와 이탈리아도 각각 10억 달러를 미국에서 빌렸다는 사실을 알아냈다. 희망이 생겼다. 갚을 능력이 충분하다는 인정만 받으면 차관을 들여오는 것이 어렵지 않을 것 같았다.

호암은 이런저런 생각을 품고 유럽으로 건너갔다. 정·부통령 선거를 한 달 보름 정도 앞둔 1960년 2월 1일의 일이었다.

호암이 처음 찾은 곳은 독일이었다. 호암은 한국을 떠나기 전에 주한 서독 대사 헤르츠를 만났다. 헤르츠와는 골동품을 수집하다 알게 된 사이였다. 취미가 같은 두 사람은 빠르게 친해져 지금은 친구 이상의 각별한 정을 나누고 있었다.

호암은 헤르츠에게 독일에 가는 목적을 밝히고 도와달라고 부탁했다. 헤르츠는 자신이 어떻게 하면 되겠느냐고 물었다.

"귀국의 에르하르트 경제장관을 만날 수 있게 해주십시오."

"네, 알겠습니다. 한국 제1의 기업 삼성을 일군 이 사장님을 믿지 않으면 제가 누굴 믿겠습니까?"

헤르츠는 흔쾌히 호암의 부탁을 들어주었다. 고마웠다. 헤르츠는 평소 친분이 있는 에르하르트 경제장관에게 호암의 차관 교섭에 적극 협조해 달라는 긴 편지를 보냈고, 장관과 면담할 수 있는 시간까지 마련해 주었다.

하지만 호암이 도착했을 때 경제장관은 중요한 업무를 처리하기 위해 미국에 가고 없었다. 그 대신 경제차관이 호암과 면담을 했다.

"당신과 당신의 비료공장 건설계획에 대해서는 잘 알고 있습니다. 장관께서 이미 크루프 측에 지시를 해두었습니다. 우리 정부에서도 적극 협조할 것입니다."

"서독 정부에 정말 감사드립니다."

호암은 일어서서 차관과 악수를 하고 헤어졌다. 크루프현 티센크루프스틸는 1811년에 설립된 독일의 대표적인 철강회사였다.

다음 날 호암은 크루프 본사를 찾아갔다. 36세의 젊은 부사장이 반갑게 인사를 했다.

"잘 오셨습니다. 에르하르트 장관의 자세한 지시가 있어 사장님도 당신이 방문한 목적을 잘 알고 있습니다. 사장님은 급한 용무가 있어 미국 출장 중인데 당신과의 협의에 관한 모든 권한을 저에게 맡기셨습니다. 필요한 것이 무엇인지 자세히 말씀해 주십시오."

부사장은 그동안 많은 어려움을 겪었던 크루프사가 한국전쟁으로 다시 일어설 수 있었다며 한국에 도움이 되는 일이라면 뭐든지 하겠다고 나왔다. 상대방이 마음을 열어놓고 말하는데 망설일 이유가 없었다. 호암은 곧바로 본론으로 들어갔다.

"한국에 연간 생산량 35만 톤 규모의 비료공장을 세우려고 합니다. 당신 회사에서 돈을 빌려주실 수 있겠습니까?"

"좋습니다."

부사장은 기다렸다는 듯 대답했다.

"정부의 지불보증을 받으려면 복잡한 절차 때문에 시간이 오래 걸릴 겁니다. 당신이 대주주로 있는 은행의 지불보증서를 보내주십시오. 우리는 그것만 있으면 됩니다."

부사장은 이어 한국의 비료수급 사정과 회사의 수익 전망, 원리금 상환계획 등에 대해 물었다. 호암은 하나하나 구체적으로 설명했다.

"자세한 내용은 견적서가 나오면 다시 협의합시다."

부사장이 말했다. 호암은 너무 쉽게 일이 해결되자 마치 꿈속에 있는 듯한 기분이 들었다. 하지만 분명 꿈은 아니었다. 호암은 궁금증을 참지 못하고 물었다.

"내 제안을 이렇게 선뜻 받아들이는 이유가 뭡니까?"

"서독과 한국은 똑같이 민족 분단이라는 아픔을 겪고 있습니다. 두 나라가 살 수 있는 길은 반공뿐입니다. 그러나 반공은 경제적으로 풍요로워질 때 튼튼해지는 법입니다. 몇몇 선진국만 잘살아서는 자유와 민주주의를 지킬 수 없습니다. 개발도상에 있는 자유국가 모두가 다 함께 잘 살아야 합니다. 다행히 서독은 80억 달러가 넘는 외화를 가지고 있습니다. 그중에서 올해 3억 달러 정도는 개발도상

국가들을 도와줄 수 있습니다. 이미 인도에는 차관을 제공한 상태입니다. 아직 약속대로 상환되지 않고 있지만 크게 걱정하지 않습니다. 언젠가는 갚을 거라고 믿고 있기 때문입니다. 우리 회사도 은행에 돈을 맡겨놓는 것보다 더불어 잘살아야 할 나라의 경제 발전을 돕는 것이 훨씬 더 의미 있는 일이라고 생각합니다.”

부사장의 말은 호암의 마음에 잔잔한 감동을 불러일으켰다. 호암은 부사장의 손을 잡으며 한 달 안에 사업계획서를 보내주겠다고 굳게 약속했다. 이제 기적과도 같은 상담이 끝난 것이다. 호암은 부사장이 들려준 말을 가슴 깊이 새겨두었다. 그리고 한국이 선진국 대열에 올라서면 반드시 어려운 나라를 돕겠다는 결심을 했다.

호텔로 돌아온 호암은 하루를 묵고 다음 날 이탈리아로 떠났다. 독일에 더 머물 여유가 없었다. 자금 문제를 해결했으니 이제는 35만 톤 규모의 공장을 지을 수 있는 기술과 설비를 갖춘 회사와 손을 잡아야 했던 것이다. 이탈리아에는 품질이 뛰어나고 값도 싼 비료기계를 만드는 회사가 있었다. 유럽 여러 나라에 화학공장과 비료공장, 발전소와 광산 등 100여 개의 사업체를 거느리고 있는 국제적인 기업 몬테카티니 계열의 비료회사였다.

호암은 이탈리아에 도착하자마자 비료회사 사장을 찾아가 만났다. 사장은 부드럽게 미소를 지으며 말했다.

“한국은 매우 아름다운 나라라고 하더군요. 꼭 한 번 가보고 싶습니다.”

사장의 호의적인 태도에 용기를 얻은 호암은 크루프사 부사장에게 했던 것처럼 비료공장 건설계획을 설명하고 차관을 요청했다.

"네. 좋습니다. 될 수 있는 대로 빨리 사업계획서와 수입지출예산서, 은행의 지불보증서를 보내주십시오."

사장은 시원시원하게 대답했다. 크루프사와도 그렇고 일이 너무 잘 풀려 덜컥 겁이 날 정도였다. 호암은 사장이 쉽게 차관 요청을 받아들인 이유를 알고 싶었다.

"우리 회사는 한국과 인연이 깊습니다. 아시다시피 우리 회사 기술진은 1930년대에 세계 최초로 질소암모니아를 발명했습니다. 하지만 당시에는 아무도 공기 중에 떠다니는 질소로 비료를 만든다는 사실을 믿지 못했지요. 그때 노구치野口라는 일본인이 처음으로 100만 달러에 특허를 사서 함흥에 흥남질소비료공장을 세웠고, 그 일을 계기로 특허를 사려는 사람들이 늘어났습니다."

"하지만 노구치는 일본인 아닙니까?"

"그래도 공장이 있는 곳은 바로 한국입니다. 이처럼 소중한 인연이 있는 한국이 비료공장을 짓겠다는데 당연히 도와야지요."

호암의 기쁨은 더할 수 없이 컸다. 한국에서 최초로, 그것도 한 곳도 아닌 두 곳에서 차관을 내주겠다는 약속을 받은 것이다. 꿈이 현실이 되어 눈앞에 다가오는 듯했다. 호암은 날아갈 듯 가벼운 마음으로 로마 관광을 즐겼다.

그러나 한가한 시간은 오래 머물지 않았다. 한국에서 4·19혁명이 터졌다는 소식이 날아온 것이다. 호암은 파리로 건너가 정일권鄭一權 주불 대사에게 자세한 이야기를 들었다. 유럽으로 떠날 때 이미 국내 분위기가 심상치 않다는 것을 알고는 있었지만 이렇게 상황이 급변하리라는 생각은 하지 못했었다. 불과 몇 달 전에 비료공장을 세울 수 있도록 허락했던 이승만 대통령이 물러났다는 사실은 큰 충격이었다. 거짓말 같았다. 그나마 다행인 것은 이 대통령이 즉각 물러나겠다는 성명을 발표해 피를 보는 상황까지는 가지 않았다는 것이었다.

한국의 일이 궁금했고 걱정되었다. 자칫하면 모든 일이 물거품이 될지도 몰랐다. 호암은 한국으로 돌아갈까 망설이다 예정대로 미국행 비행기를 탔다. 미국에서 해야 할 일이 남아 있었기 때문이었다.

미국에 도착한 호암은 양유찬梁裕燦 대사의 도움으로 국무성과 상무성 담당자, 세계은행 부총재 등을 만났다. 그러나 그들의 반응은 차갑기 그지없었다. 세계은행 부총재는 딱 잘라 말했다.

"한국은 지금 4·19혁명으로 큰 혼란에 빠져 있을 뿐만 아니라 자원이 없어 원리금을 상환할 수 있을지 의심스럽습니다."

호암은 치밀어 오르는 화를 누르고 냉정하게 따져 물었다.

"정치적인 혼란 때문에 돈을 빌려주기 어렵다는 것은 이해할 수 있습니다. 그러나 자원이 없다는 이유로 능력을 의심한다면, 그것은 받아들이기 힘듭니다. 자원 없는 나라를 도와 그 나라의 경제를 발전시키는 것이 세계은행에서 해야 할 일 아닙니까? 이 은행에는 인도인들이 많이 근무하고 있다고 들었습니다. 그래서 인도와 파키스탄에 4억 달러 넘게 빌려준 겁니까? 세계은행이 인도만을 위한 은행입니까?"

하지만 호암이 아무리 강력하게 항의해도 부총재의 태도는 변하지 않았다. 마치 단단한 바위 같았다. 호암은 한 걸음 물러섰다. 그렇다고 포기하는 것은 아니었다. 밖으로 나온 호암은 세계은행 건물을 쳐다보며 언젠가는 반드시 이 은행에서 차관을 들여오고 말 거라고 다짐했다. 그때까지만 해도 호암은 모르고 있었다. 독일과 이탈리아에서 받아낸 귀중한 약속이 휴지 조각으로 변하는 순간이 다가오고 있다는 것을.

기업가에게는 기업 육성이 애국의 길이다

기업가로서 나라에 봉사하는 일에는 여러 가지가 있을 수 있다. 그러나 무엇보다도 기업을 잘 육성해 나가는 것이 가장 나라를 위하는 일이 된다 하겠다.

– 1976. 6. '재계회고' (서울경제신문)에서

세금을 빼돌려 모은 돈이 얼마나 됩니까?

　　미국에서 일본으로 건너간 호암이 한국에 돌아온 것은 1960년 7월 28일이었다. 서울은 거침없이 쏟아져 내리는 햇볕으로 뜨겁게 달아올라 있었다. 그러나 더 숨 막히는 것은 나라의 모양새였다. 이 대통령이 물러난 후에도 거의 매일 시위가 일어났지만 정부는 갈피를 잡지 못하고 우왕좌왕했다. 그러다 국민들의 불만을 가라앉힐 방법을 찾은 것이 바로 검찰을 시켜 부정축재자들을 조사하도록 하는 것이었다. 그 명단에 호암의 이름도 올라 있었다. 이런 상황에서 비료공장을 짓는 일을 계속해 나갈 수는 없었다.

　　8월 12일에는 윤보선이 대통령으로 당선되고, 19일에는 장면張勉이 국무총리로 뽑혀 두 번째 정부가 정식으로 출범했다. 그동안 삼성 계열사는 15개로 늘어나 있었는데 모두 탈세혐의로 조사를 받게 되었다. 새 정부는 검찰을 통해 46개 회사 24명이 세금을 내지 않고 빼돌린 돈이 196억 환에 달한다고 발표했다. 그중에서 삼성이 91억 환으로 가장 많았다. 다음으로는 삼호방직이 21억 환, 대한전 선이 20억 환이었다.

호암은 며칠 후 검찰에 불려갔다. 태어나서 처음 와보는 곳이었 다. 부장검사실 문을 열고 들어서자 젊은 검사와 서기 등 10여 명이 호기심 어린 눈으로 호암을 쳐다보았다. 부장검사가 호암을 조사실 로 데리고 들어갔다.

"그동안 세금을 빼돌려서 모은 재산이 얼마나 됩니까?"

호암이 자리에 앉자 부장검사가 무겁게 입을 열었다.

"아직 계산을 해보지 않아 정확한 건 모르겠습니다."

호암은 솔직하게 대답했다. 검사 입장에서는 이상하게 들릴 수도 있는 말이었다. 대부분의 사람들이 같은 질문을 받으면 그런 일 없 다고 딱 잡아뗄 것이다.

부장검사는 말을 바꿔서 "왜 탈세를 했느냐?"고 물었다. 호암은 평소 생각해 왔던 내용을 숨김없이 털어놓았다.

"우리나라 세금제도는 문제가 있습니다. 전쟁에서 이기려면 당연 히 돈을 많이 걷어야 합니다. 그러나 전쟁이 끝난 지금도 1000환을 벌면 1200환을 세금으로 내게 되어 있습니다. 이래서는 도저히 사 업을 할 수가 없습니다. 정부도 그 같은 사실을 알고 있기 때문에 법을 고치려고 국회에 안을 낸 것이 아닙니까? 기업이 무너지면 나 라 경제도 엉망이 됩니다. 불합리한 세금제도는 덮어두고, 온갖 어려움을 이겨내며 기업을 이끌어온 사람들을 부정축재자로 몰아 죄를 묻는 것은 옳지 않은 일입니다. 처벌을 하기 전에 먼저 세금제도부터 바꾸는 것이 순서인 줄 압니다."

"사장님도 탈세를 하고 있다는 사실을 알고 계셨습니까?

"물론입니다. 임직원들이 어떻게 사장 모르게 제멋대로 탈세를 할 수 있겠습니까?"

"이것 참! 많은 삼성 직원들을 조사했는데 서로 자기가 탈세를 했다고 우기더군요. 사장님이 훈련을 아주 잘 시키신 모양입니다."

부장검사는 비꼬듯이 말했다. 그러고는 대질심문을 하겠다며 밖에서 대기하고 있던 삼성 간부들을 불러들였다. 하지만 부장검사가 무슨 질문을 해도 직원들은 하나같이 자기가 한 일이라고 우겼다. 부장검사는 어이가 없는지 웃고 말았다.

호암은 직원들이 너무나 고마웠다. 재판에서 유죄를 선고받으면 감옥에 갈 수도 있는 상황이었던 것이다. 그런데도 끝까지 서로 죄를 뒤집어쓰려고 하는 직원들. 그들의 남다른 애사심에 호암은 마음이 뭉클해졌다.

그해 9월 정부는 50여 기업에게 벌금이 아닌 추징금 200억 환을 물도록 했다. 삼성이 내야 할 추징금은 6개 회사를 합쳐 모두 50억 환이었다. 호암은 정부의 요구가 합당한 것은 아니었지만 일단 따르기로 했다. 잘못이 없으니 돈을 내지 못하겠다고 버티면 회사는 더욱더 어려워질 것이다. 지난 12년 동안 어떻게 가꿔온 기업인가.

삼성이 흔들리면 나라 경제도 휘청거릴 수밖에 없었다. 그것은 누구에게도 좋은 일이 아니었다. 하지만 그렇게 한다고 해서 부정축재자라는 더러운 이름을 떨쳐버릴 수 있는 것은 아니었다. 그 이름은 마치 주홍 글씨처럼 평생 호암을 따라다닐 것이었다.

그러던 어느 날이었다. 재무장관이 호암을 찾아와 삼성이 나서서 비료공장을 지어달라고 부탁했다. 호암은 단호히 거절했다. 부정축재자라는 낙인이 찍힌 몸이었다. 아무리 나라를 위한 일이라고는 하지만 공장을 지을 돈도, 힘도 없었다.

호암은 비료공장 건설과 관련된 서류를 모두 재무장관에게 넘겨주며 말했다.

"이 계획이 잠자게 되면 큰 손해입니다. 충분히 검토해 보시고 저보다 더 유능한 분에게 일을 맡겨주십시오."

이때 호암이 재무장관에게 건네준 서류는 어디론가 사라졌고, 결국 비료공장 건설계획 자체가 없었던 일이 되고 말았다.

호암은 몹시 우울했다. 어지러운 세상이었다. 세상 돌아가는 모양이 안타까웠고, 나라의 앞날도 걱정스러웠다. 호암은 여행이나 다녀와야겠다는 생각에 여권을 신청했다. 그러자 부정축재자에게는 내줄 수 없다는 대답이 돌아왔다. 어이가 없었다.

호암은 재무장관을 찾아가 "내가 무슨 죄인이라고 해외여행까지 못하게 하느냐?"고 따졌다. 재무장관은 처음 듣는 이야기라며 여권을 받을 수 있도록 손을 써주었다.

　호암은 여권을 받은 다음 날, 회사 일은 조홍제趙洪濟 부사장에게 맡기고 일본으로 떠났다.

인류와 국가에 도움을 주는 사업만이 발전할 수 있다

　내가 강조하고 싶은 것은 자기 한 개인을 위한 기업은 망한다는 것이다. 인류나 국민에게 도움을 줄 수 있는 사업이라야만 그 사업이 발전할 수 있고, 기업가로서 그 사명을 다하는 것이지 덮어놓고 돈만 벌겠다는 생각에 이끌려서는 안 된다. 바로 이것이 기업가가 지켜야 할 기업윤리일 것이다. 기업가가 이것을 지키지 않을 때 우리나라의 경제는 건전한 발전을 기대할 수 없다.

－ 1975. 9. 17. '최고경영자와의 대화' (내외경제신문)에서

내 전 재산을 나라에
바치겠다

도쿄에 도착한 호암은 테이코쿠帝國호텔에 숙소를 정하고 좀처럼 나오지 않았다. 사람들을 만나기가 싫었던 것이다.

그렇게 며칠이 지난 어느 날, 호암은 답답한 마음에 바람이나 쐬려고 호텔을 나왔다. 그때 현관 앞에서 대기하고 있던 일본인 운전기사가 다가와 불안한 표정으로 물었다.

"사장님, 한국에서 군사혁명이 일어났다는 뉴스 들으셨습니까?"

1961년 5월 16일의 일이었다. 서울을 떠나기 전날 호암은 가까운 친구에게 일부 군 장교들의 움직임이 심상치 않다는 이야기를 들은 적이 있었다. 하지만 이렇게 빨리 쿠데타를 일으킬 줄은 몰랐다. 불안했다.

열흘 후인 5월 29일에는 경제인 11명이 부정축재를 했다는 이유로 붙잡혀갔다는 기사가 나왔다. 그중 한 사람이 "부정축재 1호는 일본 도쿄에 있는데 우리 같은 조무래기들만 가둬놓고 뭘 하겠다는 것이냐."는 불평을 늘어놓았다고 한다.

사회가 혼란스러운 이유는 국민 대부분이 가난하기 때문이었다. 그 가난을 앞장서서 물리칠 수 있도록 경제인들을 적극 활용할 생각은 하지 않고 무슨 목적으로 잡아간 것일까. 호암은 도무지 이해할 수 없었다.

6월에 들어서면서 호암을 찾아오는 발길이 하나 둘 늘어나기 시작했다. 그들은 하나같이 국가재건최고회의의 뜻을 전하기 위해 왔다고 했다. 내용은 하루빨리 한국으로 돌아가라는 것이었다. 심지어는 일본 경찰들도 찾아왔다. 그들이 찾아온 이유는 호암을 보호하기 위해서였다. 일본 경찰들은 호암이 가는 곳마다 귀찮게 따라 붙었다.

당시 삼성으로서는 조홍제 부사장이 붙들려간 상태라 호암에게 귀국을 권할 수도, 말릴 수도 없는 상황이었다.

호암은 한국으로 가야겠다는 생각을 했다.

조홍제 부사장이 나 대신 감옥에 갇혀 있고, 잡혀간 경제인들도 내가 돌아오기를 바란다고 하지 않던가. 죽든 살든 내 나라로 돌아가자. 지은 죄가 있다면 벌을 받고 새롭게 출발하면 된다.

마음을 굳힌 호암은 귀국하기 전에 국가재건최고회의 앞으로 다음과 같은 편지를 보냈다.

부정축재자를 벌주려 한다는 방침 자체에는 다른 의견이 없다. 그러나 해만 끼치는 일부 악덕 기업인들과 원칙 없고 불합리한 세금제도하에서도 나라 경제를 살리기 위해 애쓴 기업인들은 구분해야 한다. 그들은 국민에게 일자리를 주어 생활을 안정시키고, 세금을 성실히 내서 나라 운영을 뒷받침해 왔다.

오늘날 사회가 이토록 혼란스러운 것은 사람들이 대부분 가난하기 때문이다. 문제는 어떻게 해야 가난에서 벗어날 수 있는지 마땅한 방법이 없다는 것이다.

경제가 안정되지 않고서는 가난을 떨쳐버릴 수 없다. 경제인들을 처벌하여 그들이 몸을 움츠리고 움직이지 않는다면 가난을 물리치는 일은 점점 더 어려워진다. 이는 나를 비롯한 많은 기업인들에게 떨어질 벌을 피하기 위한 궤변이 결코 아니다. 내 모든 재산을 나라에 바쳐 국민의 가난을 물리칠 수 있다면 오히려 다행이라고 생각한다.

호암의 편지를 받은 국가재건회의는 6월 11일 "이병철이 전 재산을 나라에 바치겠다고 했다."고 발표했다. 이 소식이 알려지자 호암이 묵고 있는 호텔에 수십 명의 기자가 번갈아 찾아왔다. 기자들은 끈질겼고, 집요했다. 쉽게 물러설 사람들이 아니었다. 마침내 호암은 6월 24일 오전 10시 AP, UPI, 교도共同통신 기자들과 회견을 가졌다.

기자들은 신랄하게 질문을 던졌다.

"누가 시켜서 편지를 쓴 거 아닙니까?"

"결코 아닙니다. 편지는 내 뜻을 전하기 위해 스스로 쓴 것입니다."

호암은 침착하게 대답했다.

"이런 결심을 하게 된 이유가 뭐죠?"

"우리 국민이 가난에서 벗어날 수만 있다면 내 모든 재산을 바쳐도 아깝지 않습니다. 한국에 돌아가는 대로 필요한 절차를 밟고, 정부의 조치를 따를 것입니다."

이틀 후인 6월 26일 오후 6시 30분, 호암은 한국행 비행기에 올랐다. 하네다羽田공항에는 굵은 빗줄기가 세차게 쏟아져 내리고 있었다. 노스웨스트 항공기는 활주로를 달려 서서히 하늘 높이 떠올랐다.

호암이 탄 비행기가 김포공항에 도착한 것은 8시 10분경이었다. 비가 많이 내리는지 활주로의 불빛은 희미했고, 주위는 기막히게 조용했다.

비행기가 멈추고 트랩을 내리자마자 한 청년이 안으로 뛰어올라왔다. 나중에 안 일이지만 청년은 국가재건최고회의와 함께 만들어진 중앙정보부의 서울 분실장 이병희李秉禧 중령이었다.

"이병철 씨가 누구입니까?"

이병희 중령이 주위를 둘러보며 물었다.

"내가 이병철이오."

호암은 천천히 몸을 일으켰다.

"먼저 내리시죠."

이병희 중령은 호암을 앞세우고 비행기에서 내렸다. 트랩 앞에는 검은색 지프 한 대가 서 있었다. 이병희 중령은 호암을 지프 뒷좌석에 태우고 자신은 조수석에 올라탔다. 입국 절차 따위는 그들과아무 상관없는 일이었다.

지프는 칠흑 같은 어둠을 뚫고 빠른 속도로 달려 나갔다. 그러나 달리는 방향은 마포 쪽이 아니었다.

호암은 고개를 갸우뚱하며 물었다.

"지금 어디로 가는 겁니까?"

"저도 아는 바 없습니다."

이병희 중령은 짧게 대답했다. 알 수 없는 일이었다.

잡혀간 경제인들이 서대문형무소 아니면 마포세무서에 갇혀 있다고 들었는데 나는 특별히 다른 곳에 가둬둘 생각인가?

지프는 서울 시내 중심지인 명동 메트로호텔 앞에 멈추었다. 호텔 주위에는 30여 명의 중무장한 군인들이 단단히 경계를 서고 있었다. 살벌한 풍경이었다.

지프에서 내린 호암은 이병희 중령을 따라 2층으로 올라갔다. 2층에도 권총을 찬 헌병들이 있었다. 이병희 중령이 호암을 방으로 들여보내고 물었다.

"집에 연락할 일은 없습니까?"

"전화를 좀 하고 싶소."

"알겠습니다."

이병희 중령은 순순히 전화기를 갖다 주었다. 호암은 집에 전화를 걸어 "지금 돌아왔다. 나는 무사하니 아무 걱정하지 말라."고 일렀다. 몇 달 만에 듣는 가족의 목소리인가. 비록 만나지는 못했지만 그것만으로도 반가웠다.

다음 날인 6월 27일 아침 9시쯤 이병희 중령이 호텔로 호암을 찾아왔다. 호암은 그와 함께 다시 지프를 타고 퇴계로에 있는 참의원 회관_{훗날 원호처로 바뀜}으로 갔다. 이병희 중령이 호암을 100평쯤 되는 넓은 방으로 안내했다. 검은 선글라스를 낀 사람이 군인 몇 명과 함께 방 저쪽에서 걸어왔다.

작은 키에 바싹 마른 체구, 강인한 인상. 찔러도 피 한 방울 나올 것 같지 않은 그가 바로 5·16군사쿠데타를 일으킨 박정희 재건최고회의 부의장이었다.

"언제 돌아오셨습니까? 고생은 하지 않으셨습니까?"

박 부의장이 부드럽게 물었다. 뜻밖이었다. 팽팽하게 가슴을 조여오던 긴장감이 어느 정도 풀어져나갔다.

"지금 우린 11명의 부정축재자를 잡아 가두었습니다. 이 일을 어떻게 처리하면 좋겠습니까?"

호암은 박 부의장의 속마음을 알 수 없었다.

내가 부정축재자 1호라는 사실을 모를 리 없을 텐데 왜 나에게 이런 질문을 던지는 것일까.

호암은 어디서부터 말해야 좋을지 감이 잡히질 않았다.

"어떤 이야기를 하셔도 좋습니다. 의견을 들으려는 것이니 거리낌 없이 말씀해 주십시오."

호암이 한참 동안 입을 열지 않자 박 부의장이 재촉했다. 그의 말에는 진심이 배어 있었다. 호암은 마음을 가라앉히고 솔직하게 털어놓았다.

"현재 11명을 잡아 가두셨다고 했는데 그들에게는 아무 죄가 없다고 생각합니다."

순간 박 부의장의 얼굴이 차갑게 굳어졌다. 하지만 호암은 아랑곳하지 않고 말을 이었다.

"그분들은 1위에서 11위 안에 드는 기업의 대표입니다. 그분들이 부정축재자라면 그 밑의 수천, 수만 명의 기업인들도 모두 부정축재자입니다. 그들도 똑같은 조건 속에서 기업을 운영해 왔기 때문입니다. 하지만 역량이나 노력이 모자랐거나 혹은 기회가 닿지 않아 11위 이내에 들지 못한 것뿐입니다. 어떤 선을 그어놓고 여기까지는 죄가 있고, 그 나머지는 죄가 없다고 판가름해서는 안 될 줄 압니다. 기업을 잘 이끌어 키운 사람은 부정축재자라고 벌을 주고, 남의 나라가 도와주는 돈이나 은행에서 빌려주는 돈을 받아서 함부로 쓴 사람은 그대로 내버려둔다는 것은 참으로 이상한 일 아닙니까?"

호암의 말에 박 부의장은 피식 웃더니 다시 물었다.

"그렇다면 앞으로 우리가 어떻게 해야 좋겠습니까?"

"기업인들이 해야 할 일은 여러 사업을 일으켜 많은 사람들에게 일자리를 주고, 생활을 안정시키는 한편 나라 살림에 필요한 세금을 내서 국가 운영을 뒷받침하는 것입니다. 그런데 부정축재자라고 잡아들이고 벌을 준다면 이 나라 경제는 엉망이 되고 말 것입니다. 그러면 당장 들어오는 세금이 줄어들어 국가를 운영하기가 힘들어집니다. 작년에 삼성이 낸 세금이 우리나라 전체 세금의 3.4%쯤 됩니다. 다시 말해 삼성 같은 회사가 30개만 있으면 정부가 세금 걱정할 일이 없을 겁니다."

"하지만 부정축재자를 처벌하지 않으면 국민들이 가만있지 않을 것이오."

"그 부분을 잘 처리하는 것이 바로 정치 아니겠습니까?"

박 부의장은 고개를 끄덕이더니 한동안 아무 말도 하지 않았다. 방 안은 깊은 침묵으로 빠져들었다. 이윽고 박 부의장이 미소를 지으며 물었다.

"나를 다시 만나주실 수 있겠습니까? 지금 계시는 곳은 어디죠?"

"명동의 메트로호텔에 갇혀 있는 상태입니다."

호암은 퉁명스럽게 대답했다. 순간 박 부의장이 깜짝 놀라는 표정을 지었다. 그는 밖에 대기하고 있던 이병희 중령을 불러 그 이유를 묻고, 곧 집에 돌아갈 수 있도록 하라고 지시했다. 호암은 박 부의장과 악수를 나누고 이병희 중령을 따라 호텔로 돌아갔다.

다음 날 아침 일찍 이병희 중령이 호암을 찾아와 이제 그만 집으로 돌아가도 좋다고 말했다. 호암은 혹시 다른 경제인들은 어떻게 되었는지 아느냐고 물었다.

"아직 그대롭니다."

"그럼 나도 갈 수 없소."

"왜 그러십니까?"

"그분들은 모두 나와 친한 사람들입니다. 부정축재자 1호인 나는 호텔에 편히 있다가 집에 가고, 자신들은 이 더운 여름날 감옥에 갇혀 있다면 나를 어떻게 생각하겠습니까? 나중에 내가 그 사람들을 무슨 얼굴로 보겠습니까? 차라리 나도 감옥으로 보내주시오."

호암은 그들을 풀어주지 않으면 자신도 집에 갈 수 없다고 버텼다. 이병희 중령은 호암의 고집을 꺾지 못하고 고개를 절래절래 흔들었다.

"참 어쩔 수 없는 분이군요."

이병희 중령은 다음 날 다시 호암을 찾아와 잡혀간 경제인들이 모두 풀려났다며 말했다.

"이제 그만 돌아가시죠."

그 말을 듣고 호암은 홀가분한 마음으로 호텔을 나섰다. 하지만 아직 문제가 완전히 해결된 것은 아니었다.

회사나 가정보다 국가가 먼저

인생관, 사업관, 사회관, 국가관을 통틀어 개인 외에 제일 먼저 생각하는 것은 국가이다. 나라가 없으면 삼성이 살아 있을 수 없다. 나라가 없으면 큰 불행이요, 따라서 국가관에 가장 지대한 관심을 가지게 되는 이유가 여기에 있다. 그리고 국가 다음이 회사, 가정이 될 것이다.

– 1982. 5. 20. 업무지시에서

서서히 되살아나는
꿈

집으로 돌아온 호암은 이후 부정축재 문제로 여러 기관에서 찾아오는 조사원들에게 시달렸다. 고단한 나날이었다. 호암은 어쩔 수 없이 조사에 응했고, 똑같은 설명을 몇 번씩 되풀이하느라 지칠 대로 지쳤다. 참다 못 한 호암은 이병희 중령에게 한 기관에서 조사를 받게 해주든지, 아니면 아예 호텔에 다시 가둬달라고 부탁했다. 이병희 중령은 즉시 호암의 집으로 헌병을 보내고, 미리 허가를 받아야 조사를 할 수 있도록 조치를 취했다. 그제야 호암은 간신히 조사 공세에서 벗어날 수 있었다. 그리고 얼마 지나지 않아 장도영張都瑛 국가재건최고회의 의장이 구속되고, 박정희가 의장이 되었다.

며칠 후 박정희 의장이 한남동에 있는 한식집으로 호암을 불러 물었다.

"이 사장, 경제인들 사이에서 부정축재로 벌어들인 돈을 내놓으라는 것에 대해 말이 많다고 들었습니다. 사실입니까?"

박 의장의 말투는 거칠었다. 기업인들의 태도가 몹시 못마땅한 듯했다.

"당연한 일 아닙니까? 내라는 대로 다 내면 살아남을 기업이 거의 없으니까요."

호암은 단호하게 말했다.

"그럼 어떻게 해야 좋겠습니까?"

"처음 의장님을 만났을 때 말씀드렸듯이 기업인들을 나라 경제를 일으키는 데 활용해야 합니다."

"좀 더 구체적으로 말씀해 주시오."

"먼저 집 밖으로 나가지 못하게 묶어놓은 경제인들을 풀어주셔서 자유롭게 활동할 수 있도록 해주십시오. 그리고 부정축재로 내야 할 돈을 크게 줄여주시고, 그 돈을 전부 국가 기간산업에 투자하도록 하시면 어떻겠습니까? 국민들에게 부정축재자들을 대충 처리한다는 인상을 줄까 봐 망설이시는 것 같은데, 그 문제는 정부가 공개적으로 강력한 투자명령을 내리면 해결될 것입니다."

"투자명령?"

"그렇습니다. 부정축재한 돈에 너희들 돈을 보태서 나라 경제에 필요한 공장을 지으라고 하고, 공장을 다 지은 후에는 부정축재한 돈만큼의 주식을 정부에 내라고 하는 겁니다."

"그거 좋은 생각입니다. 하지만 기업인들이 투자명령을 받아들이겠습니까?"

"돈을 낼 시간을 벌 수 있는 일을 마다할 기업인은 아마 없을 겁니다. 정부도 그때 가서 과연 나라에 해를 끼쳤는지, 이바지했는지를 다시 평가할 수 있을 겁니다."

"그래요."

박 의장은 고개를 끄덕이며 호암을 바라보았다. 어느새 그의 입가에 웃음이 묻어 있었다.

"다만 정부는 제철, 시멘트, 비료 등으로 투자대상만 정하고, 어느 분야에 투자할지는 기업인들이 서로 의논해 정하도록 하시면 될겁니다. 각자 처해 있는 사정이 다르니까요."

"그 일을 이 사장이 맡아주실 수는 없겠습니까?"

"네. 좋습니다. 제가 힘닿는 데까지 해보겠습니다."

그 후 부정축재 처리 방향은 180도 바뀌었다. 8월 2일에 정부가 89개 기업에 내도록 한 금액은 모두 831억 환이었다. 하지만 8월 12일에는 27개 기업에 378억 800만 환으로 크게 줄었다. 그중에서 삼성이 내야 할 돈은 전체의 27%에 달하는 103억 400만 환이었다. 그해 말에 정부는 다시 조사 결과를 발표했는데 전체 금액은 501억 환으로 늘어난 반면 삼성이 내야 할 돈은 오히려 80억 환으로 줄었다.

그보다 몇 달 앞선 8월 16일 정부와 기업 간의 의견을 조정하는 대표적인 단체가 생겼다. 바로 한국경제인협회지금의 경제인연합회다. 초대 회장에는 호암이 뽑혔다. 회원은 부정축재로 구속되었던 12명

▲ 역대 한국경제인협회 회장 간담회에서 화환을 받는 호암(1965년 10월 18일)

의 경제인이었다. 공직 따위에는 전혀 관심이 없었던 호암이었지만 이번에는 경제계를 위해 어쩔 수 없이 회장직을 맡을 수밖에 없었다. 곧이어 7명이 더 들어오고, 11월에는 20여 명이 들어와 회원은 모두 40명이 되었다.

호암은 회원들의 의견을 모아 국가최고재건회의에 "대규모 공업단지를 만들어 그곳에 공장을 짓자."는 건의를 했다. 공업단지라는 말 자체가 낯설게 들릴 때였다. 일반인들은 물론 일부 경제 관료들조차 "공장을 지을 땅은 어딜 가든 있다. 굳이 한곳에 모아놓을 이유가 어디 있는가?"라며 반대하고 나섰다. 답답한 일이었다.

공장을 세우려면 먼저 전기나 물 사정이 어떤지, 육지나 바다 등으로 물건을 쉽게 옮길 수 있는지 등등 여러 가지 조건을 살펴야 한다. 일반 가정집에서 멀리 떨어져 있어야 하고, 환경도 생각해야 한다. 이러한 조건을 갖춘 곳에 대규모 공업단지를 만들어 각종 공장을 세워야 시너지효과를 볼 수 있다. 뿐만 아니라 여기저기 공장을 짓는 것보다 돈이 덜 들어가고, 외국에서 돈을 빌리기도 쉬워진다.

호암은 회원들과 함께 장소를 찾았다. 후보로 올라온 곳은 물금勿禁, 삼천포三千浦, 울산蔚山 등 세 군데였는데 그중에서 울산이 가장 알맞은 장소라는 결론이 나왔다. 호암은 그 즉시 뜻이 맞는 회원 몇 명과 울산으로 내려갔다. 삼성 일만 하기에도 바쁜 호암이었지만 그보다는 나라 경제를 살리는 일이 더 급했다. 나라가 없으면 삼성도 존재할 수 없다는 사실을 호암은 누구보다 잘 알고 있었다.

현장을 눈으로 직접 본 호암의 기쁨은 말할 수 없이 컸다. 울산은 그야말로 모든 조건을 갖춘 은혜의 땅이었던 것이다. 1만 톤급 배 5~6대가 한꺼번에 들어올 수 있는 잔잔한 항만, 태화강의 풍부한 물, 육로의 교통 등 거대한 공업단지가 들어서기에 최적의 장소였다.

▲ 울산공업단지가 들어설 땅을 두루 둘러보는 박정희 대통령과 호암(1965년 9월 20일)

서울로 올라온 호암은 총회 때 답사 내용을 말하고 「울산공업단지 건설계획서」를 국가재건최고회의에 제출했다. 계획은 그대로 받아들여져 1962년 2월 3일 울산에서 기공식을 가졌다. 그 자리에 참석한 박 의장은 희망에 찬 눈빛으로 축사를 했다.

"…4000년 동안 이어 내려온 가난의 역사를 씻기 위해, 국민들의 간절한 소원인 나라의 번영을 위해 우리는 이곳 울산을 찾아, 여기에 새로운 공업단지를 세우기로 했습니다. …"

감동적인 연설이었다. 박 의장의 축사가 끝나자 호암은 천천히 현장을 둘러보았다. 4·19혁명과 5·16군사쿠데타로 인해 힘없이 무너진 비료공장의 꿈이 서서히 되살아나고 있었다.

창조는 곧 나의 행복

나는 나의 사명감을 확인하고 또 언제까지나 청신한 창조력을 지속시켜 나가기 위해 쉴 사이 없이 사업을 벌여나간 것이 아닌가 하고 생각할 때가 가끔 있다. 내가 언제나 안일을 혐오하고 도전과 시련을 반겨왔던 것도 이런 때문이었던 것 같다.

– 1976. 6. '재계회고'(서울경제신문)에서

시련이 계속될수록
강해지는 사명감

정부의 투자명령으로 비료공장을 맡게 된 호암은 차관을 들여오기 위해 다시 해외여행 길에 올랐다. 오십이 훌쩍 넘은 나이였지만 그의 몸속에서 용솟음치는 열정과 패기는 젊은 친구들 못지않게 강했다.

호암은 지칠 줄 모르고 일본과 유럽 여러 나라를 찾아갔다. 덕분에 일본의 고베神戸제광과는 계약 단계까지 갈 수 있었다. 희망이 호암의 손을 들어주는 듯했다. 하지만 정부 관리를 비롯한 많은 사람들이 "너무 앞서 나간다."고 반대를 하는 바람에 그 일은 아쉽게도 열매를 맺지 못했다.

당시 호암은 연간 30만 톤을 생산하는 비료공장을 지을 계획을 세우고 있었다. 그러려면 외국에서 5500만 달러를 들여오고 국내에서 50억 환을 빌려야 했다. 우리나라 한 해 수출액이 1억 달러도

▲ 대미차관교섭단을 이끌고 미국으로 향하는 호암 (1961년 11월 2일)

채 되지 않던 때였다. 사람들은 호암이 들여오려는 차관이 너무 크다고 생각했다. 아쉬움이 컸지만 호암은 훗날을 바라보며 한 걸음 물러설 수밖에 없었다.

비료공장뿐만 아니라 다른 기간산업의 건설도 순조롭게 이루어지지 않았다. 처음 계획했던 대로 지어진 공장은 단 한 곳도 없었다. 결국 모든 것이 원점으로 되돌아오는 참으로 어설픈 결과가 나오고 말았다. 한심하기 그지없는 일이었다.

호암은 이제 삼성에 신경 써야겠다고 마음먹었다. 당시 삼성그룹의 자금 사정은 아주 좋지 않았다. 그동안 정부에서 추징금이라는 이름으로 거둬들인 돈이 엄청났기 때문이다. 호암은 4·19혁명과 5·16군사쿠데타가 자신과 삼성에 입힌 피해가 얼마나 큰지 뼈저리게 느꼈다.

그러나 불행은 한꺼번에 찾아온다고 했던가. 호암에게 또다시 시련이 닥쳤다. 정부에서 느닷없이 화폐개혁을 단행한 것이다. 1962년 6월 9일의 일이었다. 정부는 "다음 날인 10일 0시부터 환을 원으로 바꾸고 그 가치를 10분의 1로 줄이겠다."는 발표를 했다. 즉 10환이 1원이 되어버린 것이다. 그리고 은행에 맡긴 돈도 일정 기간 동안 찾을 수 없도록 했다. 이유는 공장을 짓는 데 집중적으로 투자하기 위해서라고 했다. 또한 한 사람이 하루에 500원 이상은 새로운 화폐로 바꿀 수 없다고 못 박았다.

다음 날 박정희 의장이 호암을 불렀다. 박 의장은 호암이 자리에 앉자마자 물었다.

"어젯밤 방송 들었지요?"

"네. 들었습니다."

호암은 떨떠름하게 대답했다.

"어떻게 생각하십니까?"

"아마 큰 혼란이 일어날 겁니다."

"뭐요?"

박 의장이 차갑게 내뱉었다.

"경제를 일으키기 위한 돈을 마련하려면 이 길밖에 없다고 판단해서 결정한 일이오. 최대한 비밀리에 진행해서 최고회의 내에서도 알고 있는 사람이 많지 않았소."

"제 말씀부터 들어주십시오. 앞으로 수많은 사람들이 새 돈으로 바꾸려고 날마다 은행 창구 앞에 줄을 설 겁니다. 얼마나 불편하겠습니까? 사람들은 속으로 정부를 탓할 겁니다. 세계적으로도 화폐개혁은 피해만 남겼지 성공한 예가 거의 없습니다. 물론 서독은 2차 세계대전이 끝난 후 물가가 치솟자 화폐개혁을 했습니다. 하지만 우리나라는 큰돈 가진 사람도 많지 않고, 서독과는 사정이 다릅니다."

호암은 차분히 설명해 나갔다.

"그래요? 이거 참. 경제인들의 의견을 미리 들을 걸 그랬군요."

박 의장은 난감한 표정을 지었다.

"그럼 어떻게 하면 좋겠습니까?"

"없던 일로 하시는 것이 최선이라고 생각합니다."

"그건 곤란합니다. 그렇게 되면 국민들이 정부를 믿지 않을 겁니다. 무슨 다른 방법이 없겠습니까?"

"없던 일로 하기 어려우면 기술적으로 조금씩 천천히 풀어가야지요."

호암은 그 말을 남기고 물러나왔다. 다행히 며칠 후 정부는 예금을 찾아갈 수 있도록 했고, 한 달쯤 지나서는 완전히 없던 일이 되었다.

그러나 호암은 고민에 빠졌다. 하루가 다르게 바뀌는 정부의 경제정책이 호암의 의욕을 꺾었던 것이다. 정부의 능력으로는 좀처럼 어려움을 이겨내지 못할 것 같았다. 얼마나 많은 시간이 필요한지 알 수 없는 노릇이었다. 힘들었다. 쉬고 싶었다.

호암은 그해 9월 1년간의 임기만 채우고 한국경제인협회 회장 자리를 내놓았다. 그의 생애 처음이자 마지막인 공직이었다.

그 무렵 호암은 뭔가 불길한 느낌을 받았다. 상황이 심상치 않았다. 정부의 갑작스러운 화폐개혁으로 금융 사정은 악화되고, 흉년이 들어 식량난까지 겹치면서 나라 경제와 국민들의 생활은 엉망이 되었다. 화폐개혁의 후폭풍이 서서히 밀려오고 있었던 것이다.

해가 바뀌어 1963년에 접어들면서 정부는 지니고 있던 외화가 바닥을 드러내자 원자재를 일정량만 수입하도록 했다. 그로 인해 원료를 모두 수입해서 만들었던 설탕과 밀가루는 찾는 사람이 많아 가격이 치솟았다. 여기에 한 술 더 떠 국내 원료만을 사용해서 만드는 시멘트마저 값이 크게 올랐고, 생산자가 마음대로 가격을 주무르고 있다는 오해를 사게 되었다. 평소 호암에게 좋지 않은 감정을 가지고 있던 몇몇 야당 국회의원들에게는 아주 좋은 기회였다. 그들은 서슴없이 이 문제를 국회로 끌고 갔다. 이것이 바로 그 유명한 '삼분폭리사건'이다.

삼분이란 밀가루, 설탕, 시멘트를 말하는데 삼성이 그중 밀가루와 설탕을 판매하는 과정에서 엄청난 이득을 취했다는 것이다.

그러나 이는 오해였다. 당시 설탕과 밀가루, 시멘트의 생산자 가격은 고시가告示價였고, 도매상이나 소매상 가격은 고시가가 아니었다. 따라서 생산자는 설탕이나 밀가루를 도매상으로 넘길 때 정부가 정한 값을 받았고, 도매상인이나 소매상인은 찾는 사람이 많아지면 값을 올리고 찾는 사람이 줄어들면 값을 내리기도 했다.

그러므로 나쁜 방법으로 돈을 번 사람이 있다면 그것은 공장에서 밀가루나 설탕을 사서 일반인들에게 판 상인들이지 생산업자가 아니었다. 더군다나 시멘트는 삼성과는 아무런 상관이 없는 품목이었다.

하지만 몇몇 정치인은 끝까지 호암을 파렴치한 기업인으로 몰고 갔다. 일부 신문사도 힘을 보태 호암과 삼성이 뒤에서 모든 일을 꾸민 것처럼 보도했다. 여론도 갈수록 나빠져 박정희 대통령은 마침내 검찰에 삼분폭리사건을 철저히 수사하라고 지시했다. 박정희는 1963년 10월 15일 대통령선거에서 당선되어 12월 17일에 취임했는데 정부는 4개월 후인 1964년 4월 1일에 수사 결과를 발표했다.

1964년도 삼분 판매 금액은 모두 239억 원이다. 그중 밀가루가 138억 원이고 설탕이 29억 원, 시멘트가 62억 원이다. 삼분을 만드는 사람들이 벌어들인 돈은 모두 25억 원으로 밀가루가 13억 원, 설탕이 5억 원, 시멘트가 7억 원이다. 이에 대해 내야 할 세금은 모두 8억 7614만 원인데 제조업체가 내야 할 돈은 4억 2887만 원이고, 판매업체가 내야 할 돈은 4억 4727만 원이다.

일부 정치인과 신문사가 힘을 합쳐 쥐 잡듯이 삼성을 몰아친 것에 비하면 그 성과는 참으로 보잘것없는 것이었다. 하지만 그동안에 호암이 쌓아올린 삼성의 이미지는 크게 망가져 있었다. 삼성을 규탄하는 전단이 학원가에 뿌려지기까지 했었다. 호암이 입은 상처도 만만치 않았다.

그러나 호암은 삼성을 세계적인 기업으로 키우고야 말겠다는 의지를 버리지 않았다. 오히려 시련이 계속될수록 강한 사명감이 무럭무럭 솟아나 호암의 마음속에 깊디깊은 뿌리를 내렸다. 비료공장도 마찬가지였다.

위기는 삶의 도약대다

기업가에게 있어서 사업상의 위기란 하나의 도약대와도 같다. 위기를 극복할 때마다 그 기업가는 한결 폭넓게 원숙해진다. 고비를 넘기지 못한다는 것은 그 기업가의 한계를 뜻하는 것이다.

– 1977. 6. '재계회고' (서울경제신문)에서

비료공장만 제대로
지어주시오

삼분폭리사건이 마무리되자 박정희 대통령은 호암을 청와대로 불러들였다. 1964년 5월 중순이었다.

"이 사장, 정부가 하는 일을 도와줄 생각은 없습니까?"

박 대통령은 심각한 얼굴로 물었다.

"어떤 일을 말씀하십니까?"

"비료공장 말입니다. 피하지만 말고 나라 경제를 일으키는 일에 적극 참여해 주십시오."

"죄송합니다만 기술, 자본, 시장성 등을 아직 자세히 조사해 보지 않아서 당장 뭐라고 대답할 수가 없습니다."

"예전에 맡았던 비료공장을 지으면 되지 않습니까?"

"아시다시피 그건 이미 다른 기업에 넘겼습니다."

"이 사장은 우리에게 협조할 생각이 전혀 없으신 모양이야."

박 대통령은 싸늘하게 말했다.

"그럴 리가 있겠습니까. 다만 제가 힘이 부족해서 그럽니다."

"이 사장이 힘이 부족하다면 누가 힘이 있겠소? 그러지 말고 정부에서도 적극 도와줄 테니 비료공장 하나 지어주시오. 필요한 것이 있으면 무엇이든 털어놓고 말씀하세요. 제가 다 들어드리겠습니다."

"대통령 혼자 애쓴다고 될 일이 아닙니다. 행정부의 적극적인 협조가 필요합니다."

"잘 알겠소."

박 대통령은 그 자리에서 장기영 부총리 겸 경제기획원 장관을 불러 지시했다.

"장 장관, 이 사장이 비료공장을 짓는다고 하니 책임지고 지원해 주시오."

"네, 알겠습니다. 최선을 다해 돕겠습니다."

장 장관은 다짐하듯 말했다.

세계적인 비료공장을 지으려면 많은 준비가 필요하고, 여러 각도에서 검토를 해야 한다.

호암은 생각해 보겠다는 말을 남기고 청와대를 나왔다. 삼분폭리 사건으로 입은 상처가 채 가시지 않은 때였다. 당분간 비료공장 일에는 손대고 싶지 않은 것이 호암의 솔직한 심정이었다.

그 후 장 장관은 호암에게 줄기차게 전화를 걸어 비료공장을 맡아달라고 부탁했다. 아침 일찍 집으로 찾아온 적도 많았다. 박 대통령의 뜻도 그렇고, 자신이 경제기획원 장관으로 있는 동안 비료 문제만큼은 어떻게 해서든 해결하고 싶다는 것이었다. 그래도 호암이 선뜻 받아들이지 않자 행정상의 문제는 모두 자신에게 맡기라며 끈질기게 설득했다. 장 장관의 노력에 호암의 마음도 흔들렸다.

호암은 터놓고 장 장관에게 말했다.

"장관님, 연간 30만 톤을 생산하는 비료공장을 지으려면 정부 시책이 자꾸 달라져서는 안 됩니다. 그리고 차관 문제로 외국과 협상을 벌일 때 모든 권한을 삼성에 맡기겠다는 정부의 공식문서가 필요합니다."

"잘 알겠습니다. 비료공장만 제대로 지어주십시오. 뭐든 도와드리겠습니다."

장 장관은 흔쾌히 대답했다.

호암은 서랍 속에 넣어두었던 비료공장 건설계획서를 다시 꺼냈다. 주위에서는 연간 생산량 25만 톤 규모의 공장을 지으면 어떻겠느냐는 의견을 내놓기도 했다. 그러나 호암은 다른 어떤 나라의 공장보다 규모가 커야 한다고 생각했다.

일본에서 제일 큰 비료공장이 연간 18만 톤을 생산하고 있을 때였다. 소련이 30만 톤 규모의 공장을 짓겠다고 발표해 큰 화제가 되고 있었다. 호암은 어떻게 해서든 그보다 더 큰 공장을 짓겠다고 마음먹었다. 세계 최대인 33만 톤 규모의 공장을 짓는 것이 호암의 목표였다.

이 소식이 알려지자 유솜USOM: 미국 대외원조처 책임자가 강하게 반대했다.

"한국의 비료공장은 미국의 도움으로 지어진 것입니다. 그런데 또다시 세계 최대 규모의 비료공장을 짓겠다니, 이건 말도 안 되는 얘기입니다. 비료 생산량이 지나치게 많아지면 큰 손해를 보게 될 것이고, 손해를 보면 빌려간 돈을 어떻게 갚을 수 있습니까?"

냉정한 말투였다. 호암은 몇 번이나 유솜 책임자를 다시 찾아가 부탁했지만 헛수고였다. 그는 도대체 남의 말을 들으려 하지 않았다. 그 때문에 호암이 현실성 없는 계획을 밀어붙이고 있다는 얘기까지 나돌았다.

하지만 이 정도 어려움에 물러설 호암이 아니었다. 호암은 수없이 유솜 책임자를 찾아가 설득했다. 때로는 목소리를 높이기도 했다. 그러는 한편 미국 대사를 만나 일이 어떻게 진행되고 있는지 설명하고 도와달라는 부탁을 했다.

그러던 어느 날 박 대통령이 호암을 불러 물었다.

"이 사장, 차관 문제는 잘 돼 가고 있습니까?"

비료공장을 짓겠다고 했는데 아무런 소식이 없어 궁금했던 모양이었다. 호암은 기회다 싶어 유솜 책임자의 반대가 심해 이러지도 못하고 저러지도 못하고 있다고 털어놓았다.

"그런 일이 있었군요. 알겠습니다. 내가 직접 나서 보지요."

박 대통령은 곧바로 유솝 책임자에게 전화를 걸어 협조해 달라고 부탁했다. 유솝 책임자도 한 나라의 대통령 부탁인데 차마 거절할 수는 없었던지 마지못해 들어주었다. 이로써 첫 번째 장애물을 간신히 넘어섰지만 공장을 지을 기계와 설비를 들여오는 문제가 또다시 앞을 가로막았다.

호암은 비료생산에 들어가는 비용을 낮추려면 가장 성능이 좋은 기계를 가장 싼값에 사야 한다는 생각에 여러 나라에서 들어온 견적서를 비교해 보았다. 미국이 6500만 달러였고 독일이 6000만 달러, 일본이 5000만 달러였다. 호암은 즉시 일본으로 날아갔다.

일본의 비료회사들은 호암이 한국에 비료공장을 세우기 위해 일본에 왔다는 사실을 알고 못마땅한 기색을 감추지 않았다. 한국에 세계 최대의 비료공장이 생겨 좋은 품질의 비료를 많이 생산하면 더 이상 비료를 수출할 수 없었기 때문이었다. 더군다나 일본의 공장들은 규모가 작고, 시설도 낡은 편이었다. 따라서 해외시장에서 한국과 경쟁하게 된다면 뒤처질 것이 뻔했다.

다급해진 일본의 비료업계는 대표를 뽑아 호암에게 보냈다. 비료업계 대표는 호암에게 비료공장을 짓겠다는 계획을 없던 것으로 돌리면 앞으로 한국에는 몇 년이 됐든 가장 싼값에 비료를 대주겠다고 말했다.

하지만 호암은 딱 잘라 그의 제안을 거절했다. 그러자 비료업계는 자신들이 굳이 한국을 도울 필요는 없다고 태도를 바꾸었고, 차관을 내주지 못하도록 방해공작을 펼치기 시작했다.

그러나 일본 경제계는 비료업계와는 달리 호암에게 호의적이었다. 그들은 공장을 짓는 데 필요한 기계·설비를 싼값에 내주고, 공장이 무사히 지어질 수 있도록 최대한 돕겠다고 나왔다. 그러면서 한국의 농민이 절실히 필요로 하는 비료공장이 일본의 도움으로 건설되면 한일 양국 간의 관계가 보다 더 좋아질 수 있을 것이라고 강조했다.

호암은 조건만 맞으면 일본의 기계·설비를 들여오겠다며 한 회사를 대표로 내세워 달라고 말했다. 여러 회사가 얽혀 있으면 일이 빨리 진행되지 않기 때문이었다. 그들도 같은 생각이었는지 흔쾌히 미쓰이물산을 추천했다.

며칠 후 호암은 삼성 도쿄지사에서 미쓰이물산 실무 담당자인 장 본부장과 본격적인 상담에 들어갔다.

"한국이 과연 33만 톤이나 되는 규모의 비료공장을 지을 수 있겠습니까?"

장 본부장은 건방진 태도로 농담하듯 말했다. 호암은 몹시 불쾌했지만 꾹 참았다.

"그렇게 생각할 수도 있지요. 그러나 저는 충분히 가능하다고 봅니다. 듣자 하니 일본은 기계·설비 수출로 적게는 50%, 많게는 두 배 가까운 이익을 얻는다고 하는데 우리는 그럴 수 없습니다. 적당

한 가격을 제시해 주십시오. 그리고 미쓰이가 얻는 이익은 3%로 정했으면 합니다."

"지금 농담하시는 겁니까? 한국 같은 불안한 나라에 수출하는데 고작 3%라니요? 적어도 10%는 돼야 합니다."

장 본부장은 거만하게 내뱉고는 다리를 꼬고 천장을 바라보았다. 호암은 더 이상 치밀어 오르는 화를 참을 수 없었다.

"도대체 고객을 대하는 태도가 그게 뭐요? 불쾌하기 짝이 없군. 미쓰이와는 거래를 하지 않아도 좋으니 낭장 나가시오!"

호암은 차가운 얼굴로 거칠게 소리쳤다. 회의실은 쥐죽은 듯 조용해졌다. 호암은 벌떡 일어서서 회의실을 나왔다.

돈을 빌리는 입장이지만 자신은 엄연히 고객이었다. 가난한 나라의 기업인이라고 무시하는 태도를 보이는 것은 참을 수 없었다. 이런 식으로 수모를 당하면서까지 상담을 끌고 나갈 생각은 털끝만큼도 없었다.

그 후 미쓰이물산 사장으로부터 "부하 직원이 어처구니없는 실수를 저질러 죄송하게 생각한다."는 사과 전화가 걸려오고 장 본부장이 계속 찾아왔지만 호암은 만나주지 않았다.

호암은 장 본부장이 여섯 번째 찾아왔을 때 비로소 마음을 풀었다. 협상은 결국 미쓰이물산이 3%의 이익을 보는 선에서 이루어졌다. 또 기계 설비를 들이는 데 따른 차관도 처음의 5000만 달러에서 4190만 달러로 낮추어 계약했다. 이는 우리나라 기업이 정부의

보증 없이 외국과 맺은 최초의 민간 차관이었다.

계약서에 사인을 하고 곧바로 서울로 돌아온 호암은 그해 8월 27일 한국비료공업주식회사를 세우고 사장이 되었다.

그 이듬해인 1965년 12월 10일. 마침내 울산공업단지 안에서 역사적인 한비 공장 기공식이 열렸다. 애국가가 울려 퍼지고, 이어 30여 대의 불도저가 경례하듯 일제히 삽날을 펼치며 우렁차게 시동을 걸었다.

그 장면을 바라보는 호암의 마음에 보이지 않는 눈물이 흘러내렸

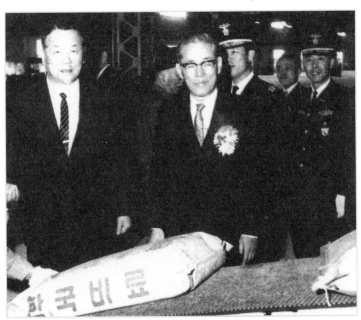

▲ 한국비료 공장이 다 지어질 즈음 공장을 둘러보는 호암과 장기영 부총리

다. 10년 동안 호암의 가슴에 담겨 있던 꿈이 활짝 날개를 펴는 순간이었다.

돌이켜보면 상처투성이의 꿈이었다. 호암은 그 많은 상처가 이제 다 아물었다고 생각했다. 착각이었다.

모든 길은 반드시 바른 길로 돌아간다

지나간 50여 년 동안 기업을 경영해 오면서 고통스러웠던 기억도 많이 있었다. 나만이 책임져야 하는 외로운 결단을 내리기 위해 며칠 밤을 꼬박 새운 일이 한두 번이 아니며, 내가 세운 기업, 내가 키운 기업, 나의 정성과 혼이 들어 있는 기업이 파란을 겪을 땐 뼈를 깎는 아픔이 따랐다. 그럴 때, 나는 선친께서 늘 말씀하신 '사필귀정(事必歸正)'을 생각하며, 내 나름대로 정당하다면 그렇게 결론을 내릴 수밖에 없었다.

– 1985. 4. 22. KBS 방송대담에서

다 지은 후에
바쳐라

호암은 가슴을 움켜쥐고 자리에서 일어났다.

지난 1년 동안 비료공장을 짓기 위해 얼마나 애를 썼던가.

삼성이 세계 최대의 비료공장을 세운다는 것이 알려지자 사람들은 그 거대한 규모에 놀라 그렇게 큰 공장을 우리 손으로 지을 수 있겠느냐는 의심부터 했다. 경제인들과 정부 관리들까지 정말 가능하냐고 물어올 정도였다.

그 후 공장이 지어지기 시작하면서 호암은 주요 부분의 시설을 약간만 늘리면 생산 능력을 3만 톤 정도 더 늘릴 수 있을 것 같다는 생각을 했다. 호암의 생각은 맞아떨어져 한비의 연간 총 생산 규모는 33만 톤에서 36만 톤으로 늘어났다.

다음 해인 1966년 초부터는 일본에서 기계들이 들어오기 시작했다. 한비 공장을 짓는 데 필요한 기계는 무려 30여 만 종류에 무세는 18만 톤이 넘었다. 특히 암모니아 탱크의 무게는 200만 톤에 달해 1만 5000톤의 화물선을 빌려 일본에서 울산항까지 실어 날랐다. 그러나 그 무거운 암모니아 탱크를 내릴 수 없어 부두를 새로 만들어야 했다.

　공장은 계약에 따라 미쓰이물산의 감독하에 한비가 도맡아 지었다. 호암은 공장장을 뽑는 데 많은 신경을 썼다. 주위에서는 해외유학 경험이 있는 전문가를 그 자리에 앉힐 거라고 예상했다. 하지만 호암은 오랜 생각 끝에 김재명金在命을 공장 건설 책임자로 임명했다. 김재명은 부산에서 제일제당을 지을 때부터 공장장을 맡아 몸

▲ 한국비료 공장을 방문한 미쓰이물산 미즈카미(水上) 사장 일행(1966년 6월)

과 마음을 다해 일한 사람이었다.

호암은 자신이 없다고 극구 사양하는 김재명에게 강요하다시피 일을 맡겼다. 그의 정직함과 부지런함을 굳게 믿었던 것이다. 과연 김재명은 일꾼들과 함께 잠을 자고 밥을 먹으면서 밤낮을 가리지 않고 일을 했다. 속옷조차 점심시간에 갈아입을 정도였다.

누구보다 일찍 일어나 함께 잠을 자는 사람들이 깰까 봐 조심스럽게 일터로 나가는 김재명의 모습에 일꾼들은 큰 감동을 받았다고 한다. 덕분에 공사는 차질 없이 진행되었고, 공장은 1년 만에 어느 정도 형태를 갖추었다.

이대로 진행되면 공장은 계획했던 대로 18개월 만에 완성될 것 같았다. 세계적인 표준이 약 40개월이라고 했다. 30톤 규모의 공장을 짓는 소련은 공사 기간을 50개월로 잡고 있었다. 18개월은 그야말로 기적 같은 숫자였다.

호암은 피처럼 짙은 한숨을 토해 냈다.

공장 완공을 눈앞에 두고 이 무슨 날벼락인가.

믿었던 장기영 장관마저 등을 돌린 상태였다. 내일은 또 무슨 일이 벌어질지 알 수 없었다. 앞이 보이지 않았다. 마치 캄캄한 어둠 속에 갇혀 있는 기분이었다.

그렇지 않아도 불길처럼 타오르던 한비의 사카린밀수사건은 김두한金斗漢 의원이 국회에 오물을 뿌리면서 온 나라를 뜨겁게 했다.

전 국민의 눈과 귀가 삼성과 한비에 쏠리는 것은 당연한 일이었다. 이런 상황에서 국회의원들이 가만있을 리 없었다. 국회 본회의는 1966년 9월 21일부터 '특정 재벌 밀수사건에 관한 질문'을 안건으로 올리고 관계 부처 장관들을 추궁했다. 국회위원들은 여야 할 것 없이 관련자들을 즉시 잡아들이고 내각은 모두 물러나라고 요구했다.

바로 그날 부산지검은 금북화학 회장과 사장, 전무 등을 장물 취득 혐의로 구속했다. 한비 부산 사무소 소장 김수한金守漢도 밀수에 직접 관여했다는 이유로 붙잡혀갔다. 김수한은 OTSA 1400부대를 제일제당 트럭에 실어 금북화학에 가져다준 적이 있었다. 서울지검은 정부 고위 관계자들을 수사하는 한편 전국에 수배령을 내려 주범인 이일섭을 찾았다.

대정부 질문은 22일에도 계속되었다. 이날 세 번째 질문자로 나선 김두한 의원은 갑자기 준비해 온 오물통을 열고 "삼성의 사카린 밀수사건을 두둔하는 장관들은 나의 '피고들'이다. 사카린을 피고인들에게 선사한다."는 말과 함께 국무총리를 비롯한 일부 각료들에게 인분을 뿌렸다. 이것이 이른바 '국회오물투척사건'이다.

이 유례를 찾아보기 힘든 사건으로 정계는 발칵 뒤집혔다. 오물을 뒤집어쓴 정일권 총리는 총리 공관에서 긴급 간담회를 열고 다음과 같이 발표했다.

"김두한 의원의 행동은 행정부의 권위와 위신을 모욕한 것이다.

더 이상 국정을 보좌할 수 없어 모든 국무위원이 물러나기로 결정했다."

국회는 국회대로 대책을 마련했다. 이효상李孝祥 국회의장은 본회의에서 법제사법위원회에 김두한 의원을 징계해 달라고 요구했고, 법제사법위원회는 김두한 의원을 제명하기로 결의했다.

누군가가 던진 담뱃불 하나가 산불로 번져 단단하게 자란 나무를 모두 불태울 수도 있다. 처음에는 돌멩이처럼 작았던 사건이 마치 태산처럼 커져 삼성이 정치자금으로 쓰기 위해 사카린을 밀수했다는 이야기도 나돌지 않는가. 그것은 정부가 뒤를 봐주지 않으면 어려운 일이었다.

호암은 마치 한겨울 허허벌판에 알몸으로 서서 칼바람을 맞는 기분이었다. 그동안 온갖 어려움을 이겨내며 대한민국 최고의 기업을 일구어낸 호암이었다. 사업가로서 쌓아 올린 업적, 생명보다 귀중한 명예, 그 모든 것이 한순간에 무너져 내릴지도 몰랐다. 몸서리치게 외로웠고 서글펐다. 그러나 여기서 꺾일 수는 없었다. 냉정을 찾아야 했다.

그날 오후 2시. 호암은 마침내 결단을 내리고 중앙일보 3층 간부회의실에서 기자회견을 가졌다. 호암은 회의실 가득 모인 기자들 앞에서 '한국비료를 나라에 바치는 동시에 모든 사업 경영에서 손을 떼겠다.'는 내용의 성명서를 담담하게 읽어 내려갔다. 그리고 마지막에 다음과 같이 덧붙였다.

"외자 5000만 달러와 내자 30여 억 원이 투입된 엄청난 규모의 한비가 고작 1000만 원 때문에 밀수를 했겠는가? 이는 상식의 판단에 맡기겠다. 그러나 한비 밀수사건에 대해 무어라 말할 수 없을 정도로 절실한 책임감을 느끼고 국민 여러분에게 사과드린다."

기자회견을 마친 호암은 천천히 일어서서 회견장을 나왔다. 알 수 없는 분노로 온몸이 뜨거웠다.

그동안 행방을 감추었던 이일섭이 검찰에 나타난 것은 김두한 의원이 국회회의장 모욕 및 공무집행 방해죄로 구속되어 서대문형무소에 갇힌 24일 밤이었다. 대검특수반이 삼성빌딩 안에 있는 한비 본사에 쳐들어가 OTSA 관련 서류와 장부를 모두 가져갔다는 신문 기사를 보고 자신이 저지른 일에 책임을 느껴 죗값을 받겠다는 결심을 한 것이었다. 이일섭은 검찰에서 OTSA 밀수는 자기 혼자 한 일이라고 주장했다.

검찰은 25일 새벽 이일섭을 업무상 배임 혐의로 긴급 구속하고, 이창희와 공모했는지의 여부를 집요하게 따져 물었다. 이미 사흘 전에 검찰에 붙잡혀온 이창희는 밤낮을 가리지 않고 계속되는 심문에도 불구하고 자신은 아무 죄가 없다는 말만 되풀이했다.

호암도 참고인으로 불려가 몇 차례 심문을 받았다. 호암의 몸과 마음은 지칠 대로 지쳤다. 기필코 내 손으로 한비 공장을 완성하고야 말겠다는 의욕은 이미 실 끊어진 연처럼 날아가 버린 상태였다. 악랄한 비난의 목소리가 삼성을 향해 쏟아지고 있는 지금, 한비 공장을 계속 짓는다는 것은 바보짓이었다. 때문에 한비를 나라에 바치겠다는 성명을 발표하지 않았는가.

호암은 이렇게 된 이상 정부가 나서서 공장을 완공해 주기를 바랐다. 누가 맡아서 운영하든 비료공장은 빨리 지어야 했기 때문이었다. 하지만 어이없게도 정부 측에서는 "다 지은 후에 바치라."고 나왔다. 화가 머리끝까지 치밀어 올랐지만 어쩔 수 없었다. 한편으로는 '한비 건설은 나에게 주어진 숙명'이라는 생각도 들었다. 참으로 모질고 질긴 숙명이었다.

좌절을 겪어야 큰 그릇이 된다

세상을 살아가는 데 있어 뜻하지 않은 불행이 찾아오는 경우가 많다. 또한 일이 잘되어 나갈 때는 오히려 다가올 불행을 각오해야 한다. 기쁨 뒤에는 반드시 슬픔이 따르기 마련이기 때문이다. 따라서 지난날의 불행을 잊지 않고 거울삼는 것이 오늘의 행복에 도취되는 것보다 몇 곱 더 중요한 일이다. 기업에 있어서도 마찬가지다. 뜻하지 않던 좌절을 겪어본 기업가는 좌절을 모르고 자라난 기업가보다 훨씬 더 강인한 기업경영 능력을 갖고 있다고 봐야 할 것이다.

– 1975. 9. 17. '최고경영자와의 대화' (내외경제신문)에서

위기는
발전의 기회다

1966년 10월 6일, 검찰 특별수사반은 수사를 마무리 짓고 그 결과를 발표했다. 요지는 한비가 사카린의 원료인 OTSA 1403부대시가 약 1800만 원를 밀수하여 시중에 풀었다는 것이었다.

검찰은 "이창희는 특정범죄가중처벌법 위반으로, 이일섭은 업무상 배임 및 관련 문서를 함부로 없앤 혐의로 구속하고 서울 형사지법에 기소했다."며 "다만 이병철은 밀수사건과 직접적인 관련이 없다."고 밝혔다.

호암은 10월 12일 오전에 장기영 장관을 찾아가 한비 주식 51%를 나라에 바치겠다는 내용의 공식문서에 사인을 했다. 그리고 다음 날 곧바로 울산 현장으로 달려갔다. 호암이 나타나자 회사 문을 닫는 줄 알고 잔뜩 풀이 죽어 있던 한비 직원과 수천 명의 일꾼들이 일제히 환호를 올리며 기뻐했다.

호암은 잠깐 일손을 멈추게 하고 말했다.

"이처럼 크고 거대한 공장이 형태를 갖추게 된 것은 모두 여러분이 밤낮을 가리지 않고 일한 덕분입니다. 참으로 고맙습니다. 그간 좋지 않은 사건으로 세상이 시끄러웠고, 여러분도 마음고생을 많이 하셨을 겁니다. 그러나 이번 사건은 신문이 떠들어대고 있는 것과는 달리 실수였습니다. 저 스스로 책임을 느끼고는 있지만 절대 제 욕심을 채우기 위해 저지른 사건이 아니라는 것만은 자신 있게 말씀드릴 수 있습니다. 이번 사건으로 몇몇 정부 관리들이 물러나고 제 자식까지 구속되었습니다. 정말 마음 아픈 일이 아닐 수 없습니다. 하지만 이 공장은 우리 국민의 60%를 차지하는 농민들을 위한 것이고, 국가 산업을 일으키기 위한 것이니만큼 저 개인의 희생은 달게 받아들일 것입니다. 사건이 어떻게 됐든 이 공장은 여러분이 지켜야 하고, 여러분이 지어야 합니다. 우리가 목표로 한 11월말까지는 기필코 완공시켜야 합니다. 여러분의 피와 땀으로 지어진 이 공장은 여러분의 영원한 자랑이 될 겁니다. 마지막까지 애써주시길 바랍니다."

말을 마치자 우렁찬 박수가 터져 나왔다. 그 소리는 호암이 현장 사무소에 들어갈 때까지 계속되었다.

호암은 공사가 어떻게 이루어지고 있는지 살펴보고 차에 올랐다.

오후 2시경이었다. 라디오에서는 믿기 어려운 뉴스가 흘러나오고 있었다. 여당인 공화당의 길재호吉在號 사무총장이 "이병철이 한비를 나라에 바칠 생각이라면 자기 재산으로 공장을 짓고 주식 모두를 내놓아야 한다."고 주장했다는 것이었다. 호암은 "51%만 바치는 것은 한비 책임자로서 옳지 못한 태도"라고 했다는 말에 어이가 없어 피식 웃고 말았다. 나머지 49%의 주식을 사서 바칠 마음도 있었다. 하지만 큰 죄를 저질렀으니 한비 주식을 모두 바쳐야 한다는 야당 측의 주장은 결코 받아들일 수 없었다.

호암은 10월 22일에 다시 한 번 기자회견을 가졌다. 내용은 9월 22일에 발표한 것과 다르지 않았다. 한비를 나라에 바치고 은퇴하겠다는 것이었다.

그 후 호암은 사채를 끌어다 써가며 공장을 지었다. 어떻게 해서든 올해 안에 공사를 마쳐야 했기 때문이었다. 다행히 공장을 짓는 일은 아무 탈 없이 진행되어 11월 4일에는 현장 곳곳에서 각 기관을 시험 삼아 운전하기 시작했다. 그리고 1967년 1월 6일에는 처음으로 기계를 움직이는 '시동식'을 가졌다. 전 세계 비료공장 건설 역사상 '최신 규모·최대 기술·최단 공기'라는 3대 기록을 세우는 순간이었다.

4월 20일에는 한비 공장 준공식이 거행되었다. 3개월 동안 시범 운전을 하고 비료를 만들어내기 시작한 것이 일주일 전인 4월 13일이었다.

▲ 한국비료 공장 준공식에서 식사(式辭)를 하는 호암(1967년 4월 20일)

　울산은 이른 아침부터 축제 분위기에 젖어 있었다. 비료공장 준
공식을 보려고 4만여 명의 사람들이 한꺼번에 몰려들어 현장 근처
는 장터처럼 시끌벅적했다. 풍년을 기원하는 농악대의 풍악 소리가
곳곳에서 울려 퍼졌고, 오후 1시부터는 고급 승용차 500여 대가 비
료공장을 향해 꼬리를 물었다.

　오후 1시 30분이 되자 화려하게 차려입은 해병대 군악대가 크고
힘찬 팡파르를 터트렸다. 이윽고 호암은 단상에 올라 "작은 힘이나
마 한비 공장 건설을 통해 사업보국事業報國이라는 기업 이념을 실현
한 것에 대해 자부심과 보람을 느낀다."고 말했다.

　준공식이 끝난 후 손님들은 회사 측에서 준비한 승용차와 버스에
나눠 타고 공장 시설을 둘러보았다. 암모니아 생산공장에서는 눈처
럼 새하얀 비료가 쏟아져 나오고 있었다. 사람들은 그 모습을 보고

벌어진 입을 다물지 못했다.

뒤이어 열린 축하 파티에 참석한 손님들은 입을 모아 호암을 칭찬했다. 듣기 좋으라고 하는 말이 아니었다. 그동안 호암이 얼마나 애를 많이 썼는지 잘 알고 있는 그들은 진심으로 존경의 뜻을 내비쳤다. 호암도 기뻤다. 10년 동안 꿈꿔 왔던 일이 드디어 이루어진 것이었다. 하지만 아들 창희가 아직도 감옥에 있는 것이 생선 가시처럼 마음에 걸렸다.

한비 공장이 비료를 만들어내기 시작하자 호암을 잡아넣어야 한다고 설쳐대던 정치인들의 태도가 급격히 바뀌었다. 야당 의원들의 입에서도 더 이상 '밀수 재벌'이라는 말이 흘러나오지 않았다. 5월과 6월에 각각 대통령 선거와 국회의원 선거가 있을 예정이었기 때문이었다.

유세에 나선 공화당 국회의원들은 그동안 표적으로 삼았던 한비 공장을 마치 자신들이 지은 것처럼 떠들어댔다. 예컨대 "우리 공화당이 나서서 울산에 비료공장을 세웠으니 내년부터는 비료 걱정하지 않고 농사를 짓게 되었다. 한비 공장은 전 세계에서 가장 클 뿐만 아니라 공장에서 생산되는 비료 값도 전 세계에서 가장 싸다."는 것이었다.

그러는 동안 호암은 공장을 짓기 위해 끌어다 쓴 사채를 갚느라 서울 시내에 있는 땅과 동방생명과 함께 넘겨받은 동양화재 등 몇몇 회사를 팔아야만 했다. 남에게 빚을 지고 그 빚을 갚으려고 잘

커나가고 있는 회사를 판 것은 이번이 처음이었다. 하지만 나라와 국민을 위한 일이라면 아무것도 아깝지 않았다. 10년 동안 세 번이나 도전해서 간신히 한비 공장을 완공한 것도 돈을 벌기 위해서가 아니었다.

그 후 몇 달 동안 한비 공장의 기계는 우리 기술진들이 잘 다루지 못해 자주 고장이 났다. 그로 인해 하루 생산량의 절반인 500톤 정도밖에 만들어내지 못했다. 그러나 시험생산 기간인 6개월 동안 차츰 생산성이 좋아져 10월에 이르러서는 하루 1000톤씩 만들어냈다.

호암은 이제 때가 되었다는 것을 알고 10월 17일 한비를 나라에 바치겠다는 서류를 경제기획원에 보냈다. 정부는 11월 1일에 임시 주주총회를 열어 한비 사장을 선임했고, 12월 13일에는 한국산업은행이 한비 주식 51%를 넘겨받았다. 그것으로 모든 일이 마무리되었다.

호암은 한비를 넘긴 후 깨끗이 경영 일선에서 물러났다. 하지만 그대로 주저앉을 호암이 아니었다. 한비 공장을 짓느라 재정 상태가 엉망이 된 삼성을 다시 일으켜 세울 사람은 그 자신밖에 없었던 것이다.

2년 후, 명예회장으로 물러나 있던 호암은 다시 경영에 참여해 전자산업으로 진출하겠다고 선언했다. 이로써 삼성은 세계적인 기업으로 우뚝 서는 새로운 전기를 마련하게 된다.

호암에게 위기는 곧 기회였다. 호암은 어려운 상황에 닥칠 때마다 항상 더 높은 곳으로 올라갈 수 있는 돌파구를 찾아 뚫고 나갔다. 사업보국, 즉 '기업 경영을 통해 부와 이익을 창출해서 나라에 보답한다.'는 평생의 신념을 지키기 위해서였다.

위기는 발전의 기회다

난관은 정복당하기 위해 존재하는 것이며, 우리에게 주어진 발전의 기회이기도 하다.

– 1987. 1. 1. 신년사에서

제2장
사업보국의
길을 걷다

마음속에 싹튼 평생의 신념

1929년 10월 초순. 호암은 부산항에서 시노모세키下關로 가는 배에 올랐다. 부모님에게 일본 유학을 허락받은 것이 바로 어제였다. 호암의 마음은 들떠 있었다.

이제 곧 새로운 세계를 만나게 될 것이다. 크고 넓은 세계를.

호암은 잠시 후면 배 위에서 평생 잊을 수 없는 치욕적인 경험을 하게 되리라고는 짐작조차 하지 못했다.

배에 오른 호암은 곧장 선실로 들어갔다. 이등선실이었다. 배는 3000톤급으로 상당히 컸지만 내부 시설은 그다지 좋지 않았다. 호암은 곧 멀미를 느끼고 갑판으로 나왔다. 파도가 거세게 일고 있었다. 그때였다. 어딘가 낯익은 사람이 호암에게 다가왔다.

"이게 누군가? 이병철 아닌가?"

그는 같은 고향 출신인 안호상安浩相 박사였다.

"아, 네. 안녕하세요."

호암은 반갑게 인사를 했다. 한국인, 그것도 고향이 같은 사람을 배 위에서 만나다니, 뜻밖이었다. 두 사람은 갑판에 서서 한참 동안 이야기를 주고받았다. 독일에서 철학박사 학위를 받은 안 박사는 동양의 철학을 연구하기 위해 일본으로 가는 중이라고 했다.

"바람이 차군요. 그만 들어가시죠."

호암이 파도가 넘실거리는 바다를 바라보며 말했다.

"그러는 게 좋겠어. 자넨 어디 있나?"

"이등선실에 있습니다."

"마침 잘됐군. 나도 이등선실에 있네."

현해탄에 접어들면서 파도는 점점 더 거세게 일었고, 배는 더 크게 흔들렸다. 선실로 들어온 두 사람은 갈수록 뱃멀미가 심해지는 것을 느꼈다. 고통스러웠다. 호암은 넌지시 선실을 옮기는 것이 어떻겠느냐고 물었다. 안 박사도 순순히 고개를 끄덕였다.

호암과 안 박사는 이등선실을 나와 좀 더 시설이 좋은 일등선실로 다가갔다. 순간 입구에 서 있던 일본인 형사가 두 사람을 막아섰다. 그는 두 사람을 아래위로 훑어보더니 거만하게 내뱉었다.

"너희 조센징이 무슨 돈이 있어 일등선실을 기웃거리느냐? 건방지구나."

옷차림을 보고 대번에 두 사람이 한국인임을 알아차린 듯했다. 형사는 잔뜩 인상을 찌푸린 채 호암과 안 박사의 신분을 꼬치꼬치

캐물었다. 화가 난 안 박사가 비꼬는 투로 말했다.

"돈을 잔뜩 짊어지고 놀러가는 길이요. 이왕이면 일등실에 묵는 것이 좋지 않겠소?"

"칙쇼! 필요 없으니 어서 꺼져라!"

형사는 손을 휘휘 내저으며 말했다.

"뭐요? 도대체 왜 조센징은 일등선실에 들어갈 수 없다는 거요?"

안 박사가 분을 참지 못하고 형사를 노려보았다.

"참으십시오, 안 박사님."

호암은 재빨리 씩씩거리는 안 박사를 데리고 이등선실로 들어갔다. 파도 같은 분노가 치밀어 올라왔지만 호암은 애써 마음을 가라앉혔다.

분노할 줄 모르는 자는 어리석다. 그러나 분노할 줄 알면서 능히 참는 자는 현명하다고 하지 않던가.

선실로 돌아온 두 사람은 아무 말 없이 바닥에 앉았다. 뱃멀미 따위는 사라진 지 오래였다. 있는 집 자식인 나도 이런데 가난하고 힘없는 국민들은 얼마나 지독한 수모를 겪고 있을까. 호암은 그때 처음으로 일본에 나라를 빼앗겼다는 사실을 뼈저리게 느꼈다. 서글펐다.

두 사람의 침묵은 어둠과 함께 더욱더 깊어갔다. 호암은 좀처럼 잠을 이룰 수 없었다. 분노와 서글픔이 가라앉자 머릿속이 유리처럼 투명해지는 느낌이었다. 호암은 일본 형사에게 받은 굴욕감과

수치심을 반드시 되돌려주겠다고 마음먹었다. 그러기 위해서는 무엇보다 나라가 강해져야 했다.

나라가 강해지려면 어떻게 해야 할까. 먼저 국민의 살림살이가 풍요로워져야 한다. 대한민국은 무슨 일이 있어도 풍족하고 강한 독립 국가가 되어야 한다.

호암의 눈이 어둠 속에서 날카롭게 빛났다.

내가 그 밑거름이 될 것이다. 내가 할 것이다.

호암은 스스로에게 굳게 다짐했다. 사업보국이라는 평생의 신념이 호암의 마음속에 싹트는 순간이었다.

모든 일의 기본은 나라

모든 것은 나라가 기본이 된다. 나라가 잘되고 강해야 모든 것이 잘 된다. 따라서 무역을 하든 공장을 세우든 나라에 도움이 되는 것이 결국은 그 사업에도 도움이 된다. 그러니까 참다운 기업인은 보다 거시적인 안목으로 기업을 발전시키고, 국부 형성에 이바지하도록 해야 한다. 이것이 바로 참다운 기업정신이다.

– 1976. 4. '재계회고' (서울경제신문)에서

뭐라고?
이젠 일본이냐?

호암은 1910년 2월 12일 경남慶南 의령군宜寧郡 정곡면正谷面 중교리中橋里에서 태어났다. 그해 8월 22일, 일제는 한일병합조약에 따라 우리나라의 통치권을 빼앗고 식민지로 삼았다. 참으로 치욕적인 일이었다. 그 후 36여 년 동안 우리 민족이 겪은 고난과 시련은 말할 수 없이 끔찍했다.

호암은 나라를 빼앗긴 해에 세상에 나온 것이 자신의 험난한 삶을 그대로 예견하는 것이 아닌가 하는 생각을 하곤 했다. 실제로 호암은 형과 아우가 총부리를 겨누고 서로를 죽이고 죽인 참담한 6·25전쟁부터 민족 분단, 4·19혁명, 5·16군사 쿠데타, 12·12사태에 이르기까지 격동과 갈등의 역사를 온몸으로 헤쳐 나왔다. 해방의 기쁨은 아주 잠시 머물렀을 뿐이었다.

하지만 그 모진 세월 속에서도 호암은 끊임없이 앞을 가로막는

▲ 호암이 태어난 집. 아담한 토담과 바위벽이 둘러싸여 바깥쪽과 구분되고 주위에 울창한 대숲이 있어 그 모습이 매우 아름답다.

어려움과 고난 앞에 무릎 꿇지 않고 우리나라 기업의 역사를 새로 써 나갔다. 그 밑바탕에 자리하고 있는 것은 다름 아닌 도전정신이었다.

부잣집 막내아들로 태어난 호암은 일곱 살에 할아버지 이홍석李洪錫이 세운 서당 문산정文山亭에서 한문을 배우기 시작했다. 공부는 천자문부터 시작했다. 그런데 남들은 두세 달이면 마치는 것을 호암은 1년여 만에 간신히 끝냈다. 이를 지켜본 서당 훈장은 호암에게 학식이 높은 문산 선생의 손자답지 않다며 더 노력하라고 핀잔을 주었다.

훈장의 말이 끝나기가 무섭게 서당 아이들이 일제히 웃음을 터뜨렸다. 남에게 지기 싫어하는 호암이었다. 한번 싸움이 붙으면 상대가 아무리 자신보다 나이가 많고 몸집이 크더라도 집에까지 쫓아가서 무릎을 꿇리고 말았다.

자존심이 상한 호암은 그때부터 열심히 공부를 했고, 5년 만에

▲ 할아버지 문산 이홍석 공이 세운 문산정. 호암은 이곳에서 평생의 지침서가 된 『논어』를 배우고 익혔다.

『자치통감資治通鑑』과 『논어論語』, 『사서삼경四書三經』 등을 줄줄 외울 수 있게 되었다. 그 당시 읽은 책 중에서 특히 『논어』는 호암의 삶에 큰 영향을 미쳤다. 『논어』는 인간이 어떤 마음가짐을 가지고 어떻게 살아가야 하는지 잘 알려주는 책이었다.

훗날 사람들이 가장 감명 깊게 읽은 책이 뭐냐고 물으면 호암은 서슴지 않고 『논어』를 들었다. 호암이 자주 하는 말이 있다. "의심이 간다면 사람을 쓰지 말고, 일단 쓰면 의심하지 말라疑人勿用 用人勿疑."는 것이다. 이 말도 『논어』에 있는 글귀였다.

호암은 열한 살이 되자 서당 공부에 싫증을 느꼈다. 새로운 학문을 배우고 싶었다. 3·1운동이 일어난 지도 벌써 2년이 지나 있었다. 더 큰 세계를 보고 싶었던 호암은 신식 학교에 보내달라고 부모님을 졸랐다.

아들이 얼마나 호기심이 많은지 잘 알고 있는 부모님이었다. 그들은 의논 끝에 호암을 진주시 지수면에 있는 지수보통학교지금의 초등학교에 보내기로 했다. 호암의 둘째 누나가 지수면으로 시집가서 살고 있었기 때문이었다.

며칠 후 누나 집에 도착한 호암은 이발소에 가서 어머니가 아침마다 길게 땋아주던 머리카락을 짧게 자르고 다음 날 지수보통학교 3학년에 편입했다. 신식 학교에서의 생활은 생각보다 즐거웠다. 모든 것이 새로웠다.

호암은 한 학기를 마치고 여름방학을 맞이해 집으로 돌아왔다. 공자는 동산東山에 올라서서야 노나라가 작고, 태산太山에 올라서서야 천하가 작은 걸 알았다고 한다. 비록 몇 달 안 되는 짧은 기간이지만 도시에서 생활한 호암에게 고향 중교리는 너무 좁고 답답하게만 느껴졌다.

마침 마을에는 서울에서 보성고보를 다니고 있던 친척 형들도 돌아와 있었다. 그들은 호암을 앞에 세워놓고 자랑스럽게 서울 이야기를 늘어놓았다. 서울의 거리는 엄청나게 크고, 많은 사람들이 바쁘게

▲ 장충동 자택 정원에서 책을 읽고 있는 호암(1965년)

움직인다고 했다. 높은 건물이 여기저기 서 있고, 물건은 넘쳐나고, 좋은 학교도 많다고 했다. 그들이 들려주는 말은 곧 영상이 되어 호암의 눈앞에 생생하게 펼쳐졌다. 호암은 가슴이 설레는 것을 느꼈다. 망설일 이유가 없었다.

호암은 아버지에게 달려가 서울에 가서 공부하고 싶다는 뜻을 밝혔다. 꾸지람을 들을 각오는 이미 되어 있었다.

"이런 녀석을 봤나? 진주에 간 지 몇 달이나 됐다고 또 서울 타령이냐?"

아버지는 예상했던 대로 못마땅하다는 듯 얼굴을 붉혔다. 호암은 목소리를 낮추고 침착하게 말했다.

▲ 호암과 LG 창업주 구인회 회장이 함께 심은 나무. 지수초등학교에서 교목으로 지정했다.

"아버님, 저는 꼭 서울에 가고 싶습니다. 진주나 서울이나 저에게 낯선 땅이기는 마찬가지 아닙니까?"

그러자 옆에 앉아 있던 어머니가 조심스럽게 말을 보탰다.

"그래요. 제 친정이 서울에 있으니 보내줘도 될 것 같아요."

어머니의 말을 들은 아버지는 한참 생각하더니 마침내 호암의 뜻을 받아들였다.

서울로 올라가는 날, 아버지는 함안역까지 호암을 바래다주었고, 서울에 가면 조심해야 할 일들을 자세히 일러주었다.

호암은 서울 종로구 가회동에 있는 외갓집에 머물며 수송보통학교에 다녔다. 다시 3학년이 된 호암은 예상치 못했던 어려움에 부딪쳤다. 심한 사투리 때문에 반 친구들과 말이 잘 통하지 않았던 것이다. 그나마 다행인 것은 호암의 사투리가 재미있었던지 친구들이 친절하게 대해 준다는 것이었다.

수송보통학교를 4학년까지 다닌 호암은 보통학교 과정을 빨리 끝내고 중학교에 들어가고 싶은 욕심에 중동중학 속성과로 옮겼다. 그때 아버지는 호암에게 '사필귀정事必歸正: 모든 일은 반드시 바른길로 돌아간다는 뜻' 이라는 글귀를 풀이해 주었다.

"어떤 일이든 성급하게 하지 마라. 무리하게 일을 처리하려고 해서는 안 된다."

호암은 그 말을 마음 깊이 새겼다.

1925년 4월 중동중학 속성과에 편입한 호암은 1년 동안 부지런히 공부한 끝에 보통학교 4, 5학년 과정을 마치고 이듬해에는 본과에 들어갔다.

그해 가을 호암은 아버지에게서 한 통의 편지를 받았다. 결혼할 여자를 정해 날짜를 잡았으니 집으로 내려오라는 내용이었다. 호암의 나이 열여섯이었다. 지금과는 달리 그 당시 남자 나이 열여섯이면 결혼 적령기였다.

호암은 별 생각 없이 아버지의 뜻을 따랐다. 신부가 될 사람은 사육신의 한 사람으로 알려진 박팽년朴彭年의 후손 박두을朴杜乙이었다. 결혼식을 올릴 때 처음 얼굴을 마주한 신부는 다행히 너그럽고 덕이 있어 보였다.

결혼식을 올리고 서울로 돌아온 호암은 그동안 신세를 졌던 외갓집을 나와 하숙을 했다. 어른들 밑에서만 자란 탓에 하숙을 하며 자유롭게 생활하는 친구들이 부러웠던 것이다.

결혼을 하고, 친구들과 어울려 하숙을 하게 되자 호암은 갑자기 어른이 된 기분이었다. 그렇다고 공부를 열심히 한 것은 아니었다. 오히려 운동을 더 열심히 했다. 하지만 뭐 하나 잘하는 게 없었던 운동도 오래가지 않아 싫증이 났다. 중학교도 마찬가지였다. 4년 다니니까 흥미가 없어졌다. 모든 것이 시들시들했다.

호암은 서울에 있는 자신이 마치 우물 안의 개구리처럼 느껴졌다. 더 넓은 세상으로 나아가 새로운 것들을 보고 싶었다.

4학년 1학기가 덧없이 끝나갈 무렵 호암은 더 늦기 전에 일본에

▲ 중동중학에 다니던 시절의 호암(왼쪽)

가서 공부해야겠다는 마음을 먹었다. 호암의 나이 벌써 스무 살이었다.

여름방학이 되어 집에 내려온 호암은 며칠을 망설이다 아버지에게 말을 꺼냈다.

"아버지, 일본에 가서 공부하고 싶습니다. 허락해 주십시오."

"뭐라고? 이젠 일본이냐? 조금만 더 공부하면 졸업인데 일본엔 뭐 하러 가겠다는 거냐?"

"공부에 흥미를 느끼지 못하고 있는 저에게 졸업이 무슨 의미가 있겠습니까?"

"일에는 본말, 즉 중요한 부분과 중요하지 않은 부분이 있고 시종, 즉 처음과 끝이 있다. 스무 살이나 된 놈이 아직도 그걸 모르느냐?"

아버지는 심하게 호암을 나무랐다. 처음이자 마지막인 엄한 꾸지람이었다. 그러나 유학 자체를 반대하는 것은 아니었기 때문에 호암은 끈질기게 아버지를 설득했다. 이번에도 결국 아버지는 아들의 뜻을 받아들였다. 더 넓은 세상을 보고 싶어 하는 아들의 마음을 아버지도 충분히 이해하고 있었던 것이다.

당시 호암의 아내는 아이를 가진 상태였다. 호암은 아내에게는 미안했지만 들끓어 오르는 호기심을 억누를 수 없었다.

바다 건너 일본에는 무엇이 있을까. 사람들은 어떻게 살고 있을까. 궁금하기 짝이 없었다. 호암의 도전정신은 어쩌면 이처럼 지칠 줄 모르는 호기심이 키운 것일지도 몰랐다.

나에게 가장 큰 영향을 끼친 책은 『논어』

가장 감명을 받은 책, 혹은 좌우에 두는 책을 들라면 서슴지 않고 『논어』라고 말할 수밖에 없다. 나라는 인간을 형성하는 데 가장 큰 영향을 끼친 책은 바로 이 『논어』다. 나의 생각이나 생활이 『논어』의 세계에서 벗어나지 못한다고 하더라도 오히려 만족한다. 『논어』에는 내적 규범이 담겨 있다. 간결한 말 속에 사상과 체험이 응축되어 있어, 인간이 사회인으로서 살아가는 데 불가결한 마음가짐을 알려준다.

– 1986. 자서전에서

졸업장과는
거리가 먼 학생

    시노모세키에서 내려 안호상 박사와 헤어진 호암은 기차를 타고 도쿄로 향했다. 호암이 도쿄역에 도착한 것은 20시간쯤 지난 다음 날 아침이었다. 마음이 이끄는 대로 무작정 찾은 곳이 도쿄였다. 특별히 머물 곳도, 아는 사람도 하나 없었다. 막막했다.

    호암은 우선 잘 곳을 정해 두어야겠다는 생각에 여관을 찾아 돌아다녔다. 그러다 길가에 나붙은 하숙 안내문을 보게 되었다. 아무래도 여관보다는 하숙이 나을 것 같았다. 호암은 안내문이 붙어 있는 곳에 들어가 서울에서 공부하러 온 학생인데 마땅한 하숙집이 없느냐고 물어보았다.

    "어느 대학에 들어갈 겁니까?"

    안내소 주인이 물었다.

    "와세다早稻田 대학교입니다."

"그래요?"

안내소 주인은 마침 자기 이웃집에서 얌전한 하숙생을 구하고 있다며 그 집에 전화를 걸었다. 한참 통화를 하던 주인은 전화를 끊고 말했다.

"일이 잘됐습니다. 저녁에 나와 함께 가면 오늘부터 묵을 수 있습니다. 내가 퇴근할 때까지 기다려주십시오."

"그럼 저는 그동안 도쿄 시내 지리도 익힐 겸 돌아보고 시간 맞춰 다시 오겠습니다."

호암은 꾸벅 인사를 하고 안내소를 나와 전철을 탔다. 차창 밖으로 보이는 풍경이 낯설었다. 호암은 무심코 나카노中野 구에 있는 어느 역에 내렸다. 근처에는 숲과 밭이 많았고, 마을 여기저기에 새 집이 들어서고 있었다.

호암은 발길 닿는 대로 걸어갔다. 얼마를 걸었을까. 맞은편에서 한 청년이 호암을 향해 다가왔다. 느낌이 꼭 한국인일 것 같았다.

"혹시 조선 사람 아니십니까?"

호암은 조심스럽게 우리말로 물었다.

"맞습니다. 어떻게 아셨죠?"

청년도 우리말로 되물었다. 두 사람은 반갑게 악수하며 서로 이름을 밝혔다. 청년은 와세다대학교 학부 3학년에 다니고 있는 이순근李舜根이라고 자신을 소개했다. 그는 하숙집 음식이 입에 맞지 않아 대학 근처에 방을 하나 얻어 자취를 하고 있다고 했다. 호암도 자취를 하는 편이 나을 것 같다는 생각이 들었다.

안내소로 되돌아간 호암은 주인에게 미안하다고 말하고 이순근이 사는 곳 근처에 셋방을 구했다. 이때 만난 이순근과의 인연은 오래도록 이어져 그는 훗날 호암의 회사에서 책임자로 일하게 된다.

호암은 이듬해인 1930년 4월 와세다대학교 전문부 정경과에 들어갔다. 그 무렵 미국 월가에서 비롯된 금융 공황이 순식간에 세계를 휩쓸어 일본의 경제도 심각한 불황에 빠져 있었다. 거리는 실업자들로 넘쳐나고, 공장들은 잇달아 파업에 들어갔다. 대학을 나와도 좀처럼 직장을 구할 수 없었다. 좌익운동이 갈수록 심해지자 일본 당국도 강하게 대처했다. 당시 사회주의 사상에 빠져 있던 이순근은 호암에게 함께 좌익운동을 펼치자고 권했지만 호암은 부드럽게 거절했다.

한국에서 여러 학교를 돌아다녔던 호암은 그 어느 때보다 열심히 강의를 들었고, 소설은 물론 마르크스의 『경제학 비판』, 『자본론』 등 다양한 종류의 책을 읽었다. 강의에 집중하기 위해 앞자리를 차지하려고 남들보다 일찍 학교에 가는 날도 많았다. 태어나서 처음으로 진지하게 책과 사귀고, 깊은 생각에 잠겼던 시기였다.

그러나 자취를 하면서 일부 음식만 가려먹은 탓인지, 뜨겁고 습기가 많은 섬나라 특유의 기후 때문인지 2학기 말이 되자 그만 병이 들고 말았다. 병명은 비타민이 모자라 다리가 붓고 저리며 힘을 제대로 쓰지 못하는 '각기병'이었다. 조금만 책을 읽어도 쉽게 지쳤고, 운동할 마음은 전혀 나지 않았다.

호암은 고민 끝에 학교에 1년 휴학계를 냈다. 더 다녀봤자 아무런 의미가 없었기 때문이었다.

호암은 여기저기 온천장을 찾아다니며 온천욕도 해보고, 경치 좋고 공기 맑은 곳에서 요양도 해봤지만 별 효과를 보지 못했다. 몸은 천근만근 무거웠다. 손가락 하나 까딱 하기 싫었다. 입맛도 없었고 의욕도 일어나지 않았다. 그러는 동안 아까운 시간만 덧없이 잘려져 나가고 있었다. 호암은 두려웠다. 이러다가는 병이 마음까지 파고들 것 같았다. 건강을 잃으면 공부고 뭐고 아무것도 할 수 없었다.

마침내 호암은 결단을 내리고 대학을 그만두었다. 벌써 네 번째 중퇴였다. 보통학교에서 대학에 이르기까지 졸업장과는 인연이 먼 호암이었다. 사실 더 나은 삶을 위해 스스로 결정을 내리고, 망설임 없이 행동으로 옮기는 호암에게 학교 졸업장 따위는 무의미한 것이었다.

호암은 미련 없이 일본을 떠나 한국으로 돌아왔다. 비록 대학을 졸업하진 못했지만 유학생활에서 얻은 것도 있었다. 보는 눈이 넓어진 것이다. 그전까지는 아무렇지도 않게 여겨졌던 한국의 농촌이 딱해 보였고, 잘못된 관습도 눈에 띄었다. 그중 하나가 바로 노비제도였다.

같은 사람으로 태어나 누구는 노비를 부리며 편하게 살고, 누구는 평생 소처럼 일만 하다 죽는다는 것은 지극히 불합리한 일이었다. 이는 또한 사회 발전을 막는 커다란 걸림돌이기도 했다.

호암은 아버지에게 집에 얽매여 있는 노비들을 풀어달라고 간청했다. 그러자 그 말을 전해 들은 문중의 어른들이 "도쿄에서 대학을 다니더니 고작 한다는 게 이런 짓이냐."며 들고일어났다.

하지만 호암의 아버지는 아들의 의견을 받아들여 노비문서를 돌려주고, 그들에게 농사지을 땅까지 조금씩 나눠주었다. 노비 신분에서 벗어난들 당장 먹고살 길이 막막하다는 것을 누구보다 잘 알고 있었기 때문이었다.

어떤 인생에도 낭비란 없다

어떤 인생에도 낭비라는 것은 있을 수 없다. 실직자가 10년 동안 무엇 하나 아무 일 없이 낚시로 보냈다고 하자. 그 10년이 낭비였는지 아닌지, 그것은 10년 후 그 사람이 무엇을 하느냐에 달려 있다. 낚시를 하면서 반드시 뭔가 느낀 것이 있을 것이다. 문제는 헛되게 세월을 보내는 데 있는 것이 아니라 그것을 어떻게 받아들여 훗날 소중한 체험으로 살려 가느냐에 있다.

– 1986. 자서전에서

마침내
사업을 시작하다

호암은 고향에 돌아온 이후로 마음이 푸근해지는 것을 느꼈다. 맑은 공기와 어머니 품처럼 아늑한 환경이 약손처럼 호암의 메마른 몸을 어루만져주었다. 덕분에 호암은 곧 건강을 되찾을 수 있었다. 의욕도 되살아났다.

호암은 무슨 일이든 해야겠다고 마음먹고 서울로 올라갔다. 그러나 일제 식민치하에서 호암이 할 수 있는 일은 거의 없었다. 취직 같은 건 생각해 보지도 않았던 호암은 옛 친구들을 만나 의견을 구했지만 이렇다 할 답을 들을 수 없었다.

결국 호암은 아무것도 얻지 못한 채 2년 만에 고향으로 되돌아왔다. 그러나 고향에서도 호암이 할 일은 없었다. 집안일은 형이 맡아 하고 있어서 호암이 끼어들 여지가 없었다. 값비싼 채소를 길러보려고 일본에서 씨앗을 들여오기도 했고, 개량종 돼지와 닭도 들여

왔지만 취미 수준을 벗어나지 못했다.

호암은 허전한 마음을 달래려고 이웃에 사는 친구들과 어울려 노름을 하기 시작했다. 매일같이 벌어진 노름판은 한밤중까지 계속되었다. 도대체 자신이 어디에 있는지, 무엇을 하는지조차 모르는 무의미한 짓거리에 지칠 대로 지친 호암은 달그림자를 밟으며 집에 돌아오곤 했다. 하는 일 없이 놀고먹는 자신이 한심스러웠다. 마치 삶이 깊고 어두운 웅덩이 속으로 빨려 들어가는 느낌이었다.

나는 운이 없는 것일까. 아니면 세상이 나쁜 것일까.

저절로 한숨이 새어나왔다.

그러던 어느 날이었다. 호암은 그날도 밤늦게까지 노름을 하다 허전한 발걸음을 이끌고 집에 돌아왔다. 밝은 달빛이 창문을 뚫고 방 안으로 스며들고 있었다. 어느덧 세 아이의 아버지가 된 호암은 달빛을 받으며 편안한 얼굴로 잠들어 있는 아이들을 하나하나 둘러보았다. 순간 정신이 번쩍 들었다. 수렁 같은 꿈에서 막 깨어난 듯했다.

그동안 하는 일 없이 시간만 보냈다. 이제는 뜻을 세우고 앞으로 나아가야 한다.

호암은 제대로 잠을 이룰 수 없었다. 온갖 상념이 떠올랐다 사라졌다. 그러나 한 가지 분명해진 생각은 있었다. 사업을 해야겠다는 것이었다. 사업으로 나라 살림을 살찌워 국민들을 지독한 가난에서 구하는 것, 이는 나라의 독립을 위해 애쓰는 것 못지않게 중요한 일이었다. 그리고 사업은 호암의 성격에도 잘 맞았다.

날이 밝을 때까지 몸을 뒤척이던 호암은 차분히 생각을 정리하기 시작했다. 아직 구체적인 계획이 잡히지 않았던 것이다. 그러나 더 이상 머뭇거릴 수는 없었다. 일을 해나가다 보면 답이 나올 수도 있었다.

호암은 마음을 굳히고 아버지에게 자신의 뜻을 밝혔다. 아버지는 기다렸다는 듯 말했다.

"마침 너에게 300석쯤의 재산을 나누어주려던 참이었다. 사업이 내 길이라는 생각이 들면, 마음을 굳혔다면 그대로 밀고 나가는 것도 좋은 일이다."

아버지의 말은 호암에게 큰 힘을 주었다.

호암은 대도시는 어림도 없다는 판단에 고향과 가까운 마산을 택했다. 300석을 가지고 있다면 시골에서는 부자 소리도 들을 수 있었지만 사업을 하기에는 많이 모자라는 돈이었던 것이다.

마산은 경상남도 일대의 농산물이 모여드는 곳이었다. 하지만 정미소는 다른 지역에 비해 턱없이 적었다. 호암은 마산 시내에 있는 정미소를 샅샅이 조사해 보았다. 그 결과 일본 사람이 경영하는 한 곳만 빼고는 규모나 시설이 보잘것없다는 사실을 알아냈다. 충분히 이길 수 있는 게임이었다.

호암은 일본인이 하고 있는 것 못지않은 정미소를 차리기 위해 사업을 함께할 사람을 찾아 나섰다. 그 이유는 자본이 모자라서이기도 했지만 처음 하는 사업이니만큼 여러 사람이 힘을 합치면 한결 쉽게, 더 잘될 것이라는 생각이 들었기 때문이었다.

호암은 예전부터 집안끼리 알고 지내던 합천陜川의 정현용鄭鉉庸과 의령의 박정원朴正源을 만나 마산의 현재 상황을 설명하고 함께 정미소사업을 하자고 제의했다. 마침 두 사람 모두 사업을 시작하려던 참이어서 쉽게 의견 일치를 보았다.

세 사람은 각자 1만 원씩 내서 3만 원을 만들었다. 그러나 이 돈으로 대규모의 최신식 정미소를 차리는 것은 힘든 일이었다. 호암은 돈을 빌리려고 식산은행殖産銀行; 지금의 한국산업은행 마산지점의 일본인 지점장을 찾아갔다.

담보는 충분했고, 사업계획도 탄탄해 크게 어려운 점은 없을 것 같았다. 하지만 지점장은 까다롭게 나왔다. 곡물 값이 변하는 이유가 무엇인지, 일본의 시장 흐름은 어떻게 보는지 등등을 따져 물었다. 일종의 테스트를 하는 것 같았다.

호암은 기분이 나빴지만 꾹 참고 아는 것은 아는 대로, 모르는 것은 모르는 대로 성실하게 대답했다. 그러자 지점장은 만족한 표정을 지으며 말했다.

"잘 알겠습니다. 조사해서 조건이 맞으면 돈을 빌려드리겠습니다."

지점장은 곧 융자금을 내주었고, 호암은 그 돈으로 일본에서 최신식 기계를 들여와 마산에 협동정미소協同精米所를 차렸다. 1936년 3월의 일이었다.

호암이 정미소 이름을 '협동'이라고 지은 이유는 '조선인들은 단결력이 약해 함께 사업을 하면 반드시 실패한다.'며 무시하는 일본인들의 콧대를 납작하게 눌러주기 위해서였다.

하지만 상황이 좋지 않았다. 세계 경제는 공황에서 헤어나지 못했고, 아시아를 손에 넣으려고 전쟁을 계속하고 있던 일본은 어려움을 이겨내기 위해 우리나라와 민족을 더욱 심하게 다그치고 있었던 것이다. 가혹한 시련이었다. 특히 농민들의 생활은 비참하기 짝이 없었다.

1930년의 통계에 따르면 조선총독부가 차지한 우리나라 농경지와 임야는 전 국토의 40%에 이르렀다. 일본인들은 이후 공업 분야에도 더러운 손을 뻗쳤고, 이를 보다 못한 사람들이 항일운동에 나서기 시작했다. 일본인이 운영하는 공장에서는 조선 노동자들의 파업이 잇달았다.

이처럼 어수선한 분위기 속에서 정미소사업을 시작했으니 한계가 있을 수밖에 없었다. 호암은 처음에는 쌀을 확보하는 데에만 온 힘을 쏟았다. 곡식을 찧거나 속꺼풀을 벗기는 도정 기계가 멈추지 않도록 하기 위해서였다. 그 결과 1년 동안 자본금의 반 이상을 날려버리고 말았다.

당시 곡물은 인천의 미곡거래소를 중심으로 거래되었는데 이곳에서 이루어지는 가격이 시도 때도 없이 달라져 오르락내리락하는 차이가 컸다. 때문에 쌀을 사고파는 상인들은 날선 눈으로 인천의 곡물 시세를 지켜보았다. 그들은 값이 오를 것 같으면 마구 사들였고, 내릴 것 같으면 정신없이 내다팔았다. 호암도 그들의 방식을 따라 했다. 그것이 결국 큰 손해를 보게 한 가장 큰 원인이었다.

사업이 어려워지자 박정원이 정미소 일을 접는 것이 어떻겠느냐고 나왔다. 그러나 마음을 굳게 먹고 시작한 사업이었다. 이대로 주저앉을 수는 없었다. 다행히 또 다른 동업자 정현용의 생각은 호암과 같았다. 두 사람은 1년만 더해 보자며 박정원을 설득했다. 하지만 그는 말없이 고개만 흔들 뿐이었다. 호암은 좀처럼 고집을 꺾지 않는 박정원에게 한 가지 제안을 했다.

"그러면 이렇게 합시다. 딱 1년만 참아주십시오. 1년간 더 운영해 보고 그래도 적자가 나면 그때 1만 원을 돌려드리겠습니다. 반대로 이익이 나면 1만 원에 이자까지 덧붙여 드리겠습니다. 어떻습니까?"

그제야 박정원도 고개를 끄덕였다.

호암은 왜 손해가 났는지 곰곰이 따져보았다. 이유는 지극히 단순했다. 다른 상인들처럼 값이 오를 때 사고, 내릴 때 팔았기 때문이었다. 호암은 방법을 바꿔 값이 오를 때는 팔고, 내릴 때는 사들였다.

호암의 작전은 맞아떨어져 이듬해에는 회사를 세울 때 냈던 돈 3

만 원을 제하고도 2만 원의 이익이 나왔다. 호암은 약속대로 1만 원에 이자까지 덧붙여서 박정원에게 건네주었다.

목표는 조금 무리하게 세워라

계획이란 실천 가능성 있는 것을 세워야 하며 다소 무리한 목표를 세웠다 하더라도 실천해야 하는 것이다. 무모한 계획은 문제가 되겠지만 합리적인 계획은 실천할 수 있도록 해야 하며 해놓고 추진을 한다거나 해서는 안 될 계획을 세우면 안 된다. 목표는 조금 무리하게 세워놓고 목표대로 가도록 해야 하는 것이다.

– 1983. 12. 10. 중공업회의에서

'경험'은
귀중한 재산이다

처음 손을 댄 정미소사업이 성공하자 호암은 사업가로서의 능력을 인정받았다. 자신감도 생겼다. 무슨 일을 해도 성공할 것만 같았다. 호암은 눈과 귀를 열고 새로운 사업을 찾았다. 정미업이 잘되고 있긴 하지만 만족할 정도는 아니었던 것이다.

당시 마산은 물건을 실어 옮길 트럭이 턱없이 부족해 운임비용이 많이 들어갔다. 따라서 트럭을 가지고 있으면 쌀을 실어 나르는 데 드는 비용을 아낄 수 있었고, 돈도 벌 수 있었다. 그야말로 일석이조 아닌가!

그러던 어느 날 호암은 트럭 운전수들이 주고받는 말을 듣고 히노데日出자동차가 빚이 많아 회사를 팔려고 내놓았다는 사실을 알게 되었다. 호암은 즉시 트럭 10대를 가지고 있는 히노데자동차를 인수하고, 10대를 더 사서 새로운 운수회사를 만들었다. 호암의 예상은 맞아떨어져 운수업은 탄탄대로를 걸었다. 이미 큰 이익을 내고 있는 정미소와 시작한 지 얼마 안 되는 운수회사에서 들어오는 돈이 주체할 수 없을 정도로 많았다.

호암은 정미업과 운수업이 잘되어가자 이번에는 부동산업에 손을 댔다. 쌀값은 비싼 반면 불경기로 인해 땅값이 매우 쌌던 것이다. 당시 논 1평 값이 25전으로 1두락斗落: 마지기인 200평이 50원이었는데 쌀값은 두당 2원 50전이었다. 따라서 1마지기당 수입이 30원인 셈이었다. 그 돈을 논을 빌려 농사를 짓는 농부와 논 주인이 반반씩 나누어 가졌다.

호암은 머릿속으로 주판알을 놓았다.

'은행에서 1마지기 땅값인 50원을 빌리면 연 7.3%, 즉 3원 65전을 이자로 내야 한다. 땅을 사서 빌려주면 15원이 들어오니 여기서 관리비 1원과 땅에 대한 세금 1원, 기타 여러 가지 비용 1원, 그리고 은행 이자 3원 65전을 빼면 나에게 8원 35전의 이익이 떨어진다.'

당시 궁지에 몰린 일본은 갈수록 악랄하게 우리 민족을 괴롭히고 있었다. 놈들은 당연하다는 듯 농민들이 땀 흘려 일해 거둬들인 곡식을 강제로 빼앗았다. 그로 인해 농촌을 떠나는 사람들이 늘어나고, 논 값은 하루가 다르게 떨어졌다. 농민들이 들으면 가슴 아픈 말이지만 호암에게는 싼값에 논을 사들일 수 있는 기회였다.

호암은 마침 한 일본인이 김해평야에 있는 논 40만 평을 내놓았다는 말을 들었다. 예전부터 눈독을 들이고 있던 곳이었다. 호암은 즉시 일본인 땅 주인을 찾아가 계약서를 작성하고 계약금 1만 원을 건넸다. 그리고 다음 날 식산은행 지점장을 만나 일이 어떻게 진행되고 있는지 설명했다.

지점장은 열흘 후에 호암을 불러 말했다.

"계약금을 뺀 나머지 돈 9만 원을 땅 주인에게 주었습니다. 그리고 남은 돈 2만 원은 당신 계좌에 넣어두었습니다."

호암은 논 값 10만 원에서 1만 원은 먼저 주었으니 9만 원만 은행에서 빌릴 생각이었다. 그런데 지점장은 은행의 감정가격은 평당 38전이므로 약 70%인 평당 27전, 모두 11만 원을 빌릴 수 있다고 했다. 은행에서 실제 논 값보다 평당 2전을 더 빌려주는 것이다. 땅을 사지 않을 이유가 없었다. 돈을 버는 것이 말 그대로 땅 짚고 헤엄치기 아닌가.

호암은 전 재산을 쏟아 부어 땅을 사들이기 시작했다. 사업은 예측했던 것보다 훨씬 더 커져나갔다. 식산은행 금고에 있는 돈이 모두 자신의 돈이라는 착각마저 들 정도로 이익이 크게 났다.

그렇게 1년이 지나자 호암은 200만 평을 지닌 대지주가 되어 있었다. 연 수입은 1만 석에 달했다. 가을이 되어 추수가 끝나면 소작료도 듬뿍 들어와 돈이 넘쳐흘렀다.

호암은 기고만장해졌다. 들어오는 돈을 주체하지 못해 고급 술집을 들락거리며 펑펑 써댔다. 어느덧 호암의 마음에 자신감이 아닌 자만이 들어와 넘실댔던 것이다. 호암은 미처 모르고 있었다. 어두운 그림자가 서서히 자신을 향해 다가오고 있다는 사실을.

땅을 사들여 큰돈을 번 호암은 부산과 대구 등지의 주택에도 손을 댔는데 갑자기 은행에서 더 이상 한 푼도 빌려줄 수 없다고 나왔다. 1937년 3월, 중국에 쳐들어간 일본 정부가 전쟁에 필요한 군사비를 확보하기 위해 모든 은행에 돈을 빌려주지 못하도록 지시한 것이다. 그뿐만이 아니라 빌려준 돈도 모두 거둬들이도록 했다. 그야말로 마른하늘에 날벼락이었다.

은행 융자만 믿고 마구잡이로 땅을 사들인 호암은 눈앞이 캄캄해지는 것을 느꼈다. 앞으로 어떻게 해야 하는가. 몇 날 며칠을 생각해 봐도 방법은 하나밖에 없었다.

호암은 모든 것을 정리하기로 했다. 그동안 사 모았던 논밭을 헐값에 팔고, 정미소와 운수회사도 남에게 넘겨주었다. 그렇게 해서 빚을 모두 갚고 나니 논밭 1만 평과 현금 2만 원이 남았다. 그 돈을 또 동업자인 정현용과 반으로 나누자 처음 사업을 시작할 때와 비슷한 상황이 되고 말았다. 마치 꿈을 꾼 듯했다.

호암은 깊이 반성했다. 갑자기 들어온 큰돈에 취해 지나치게 욕심을 부리고 자만했던 것이 가장 큰 실수였다. 호암은 욕심과 자만은 실패를 부른다는 것, 사업은 반드시 때와 형편이 맞을 때 해야한다는 것, 자신의 능력과 한계를 철저하게 파악해야 한다는 것, 요행을 바라고 투기를 해서는 안 된다는 것, 실패할 것 같다는 판단이 서면 미련 없이 정리해 다른 길을 가야 한다는 것을 절실히 깨달았다.

　호암은 좋은 경험을 했다고 여겼다. 크게 실패했다고 해서 의욕을 잃고 주저앉을 호암이 아니었다. 이제 겨우 스물여덟이었다. 처음으로 돌아가 다시 출발한다 해도 결코 늦은 나이가 아니었다. 더군다나 호암에게는 '경험' 이라는 귀중한 재산이 있었다.

성공의 세 가지 요체

　자고로 성공에는 세 가지 요체가 있다고들 말한다. 운(運), 둔(鈍), 근(根)이 바로 그것이다. 사람은 능력 하나로만 성공하게 되는 것은 아니다. 운을 잘 타고나야 하는 법이다. 때를 잘 만나야 하고, 사람을 잘 만나야 한다는 뜻이다. 그러나 운을 놓치지 않고 운을 잘 타고 나가려면 역시 운이 다가오기를 기다리는 일종의 둔한 맛이 있어야 하고, 운이 트일 때까지 버티어나가는 끈기라고 할까, 굳은 신념이 있어야 하는 것이다. 근과 둔이 따르지 않을 때에는 아무리 좋은 운이라도 놓치고 말기가 일쑤이다.

－ 1972. 이 회장 말씀에서

자본금 3만 원으로
삼성상회를 열다

　　호암은 모든 사업을 정리하고 나서 여행길에 올랐다. 세상인심은
얄미울 정도로 차가웠다. 사업이 잘될 때는 부르지 않아도 찾아오
던 사람들의 발걸음이 뚝 끊겼다. 친하게 지내던 친구들조차 하나
둘 멀어져갔다.

　　하지만 호암이 여행길에 오른 것은 외로움을 달래기 위해서가 아
니었다. 지난 일을 말끔히 잊어버리고 새롭게 출발하기 위해서였다.
호암에게는 아직 부모님이 사업 밑천으로 내준 5만 원이 남아 있었다.

　　호암은 부산에서 시작해서 서울, 평양, 신의주, 원산, 함흥 등을
거쳐 중국의 베이징, 칭다오, 상하이까지 두루 돌아다녔다. 여행의
목적은 시장 조사를 하고, 어떤 사업을, 어떤 규모로, 어떻게 하느
냐를 정하는 데 있었다.

　　중국을 여행하면서 호암은 무엇보다 시장의 규모가 큰 것에 놀랐

다. 언뜻 보면 작은 가게마저도 안쪽에 하루에 수백 대의 트럭이 드나드는 큰 창고가 몇 개씩 있었다. 창고에는 물건이 산더미처럼 쌓여 있었다. 거래도 한 번에 3~400만 원의 어음이 왔다 갔다 할 만큼 컸다. 그에 비하면 호암이 마산에서 했던 것은 아이들 장난 같았다.

호암은 철저하게 조사한 끝에 만주에는 채소나 과일, 말린 생선이나 조개, 생활용품 등이 턱없이 모자란다는 사실을 알아냈다. 그러나 우리나라에는 이러한 물건을 만주와 중국에 내다 파는 일을 전문으로 하는 회사가 거의 없었다. 호암은 무릎을 쳤다.

바로 이거다! 대구의 사과와 포항의 건어물 등을 만주와 중국에 수출하면 틀림없이 큰돈을 벌 수 있을 것이다!

호암은 두 달여에 걸친 사업 여행을 끝내고 마침내 대구에 둥지를 틀었다. 호암이 대구를 택한 것은 지리적으로 청과물을 사들이기 편했고, 철도를 이용하면 인천이나 진남포鎭南浦보다 훨씬 더 쉽게 만주에 물건을 보낼 수 있었기 때문이었다.

호암은 1938년 3월 1일, 서문시장 근처 수동竪洞에 있는 250여 평의 가게를 사서 '삼성상회'라는 간판을 내걸었다. 삼성그룹의 신화가 꿈틀거리며 일어서는 순간이었다. 호암이 마산을 떠난 지 꼭 반 년 만의 일이었다. 자본금은 공교롭게도 3만 원이었다.

삼성의 '삼'은 우리 민족이 가장 좋아하는 숫자로 '큰 것' '많은 것' '강한 것'을 나타내고, '성'은 '밝고 높고 영원히 깨끗이 빛난다.'는 뜻이다. 다시 말해 '크고 강력하고 영원하라.'는 의미다. 의

▲ 한국 최대 기업 삼성그룹의 모태가 된 삼성상회

욕이 넘쳐흐르는 이름이 아닐 수 없었다. 또한 회사를 세운 3월 1일
은 우리 민족이 하나가 되어 간절한 소원인 자주독립을 위해 싸운
날이기도 했다.

　그때부터 호암은 대구와 포항 등지에서 생산되는 청과류와 건어
물을 만주와 중국으로 수출하기 시작했다. 일은 쉽게 잘 풀려나갔
다. 마산에서 실패했던 경험을 살려 채소나 과일 농사가 잘됐는지,
고기는 얼마나 잡혔는지 등등을 끊임없이 조사한 덕분이었다.

　4월 초에는 와세다대학교에서 함께 공부했던 이순근을 책임자로
맞이했다. 대학 다닐 때 학생운동을 했던 이순근은 그로 인해 제대
로 된 일자리를 얻지 못하고 있었던 것이다. 경험이 없는 사람에게
회사 경영을 맡기는 것은 위험한 일이라며 말리는 이들이 많았지만
호암은 친구를 믿었다.

호암은 은행에서 큰돈을 빌리거나 많은 자재를 사는 것 외에는 모든 일을 이순근에게 맡겼다. 그러면서 하나의 원칙을 정했다.

의심이 간다면 사람을 쓰지 마라. 의심을 하면서 사람을 부리면 그 사람의 장점을 살릴 수 없고, 그 역시 자신의 능력을 최대한 발휘할 수 없다. 사람을 쓸 때는 조심해서 하고, 일단 사람을 뽑았으면 믿고 대담하게 일을 맡겨라.

이 원칙은 훗날 호암의 경영 철학으로 굳건하게 자리 잡았다.

이순근은 자신을 믿어준 호암을 위해 열심히 일했다. 그 덕분인지 삼성상회는 빠르게 성장해 나갔다. 하지만 해방이 되자 본격적으로 좌익운동에 뛰어든 이순근은 결국 북한으로 넘어가고 말았다. 안타까운 일이었다.

호암은 무역업과 함께 국수를 만들어 파는 일도 했다. 일본이 강제로 쌀을 빼앗아가면서 먹을거리가 떨어진 사람들이 쌀 대신 국수를 찾을 거라는 판단이 섰던 것이다. 상표는 '별표국수'였다.

호암의 예상은 정확했다. 만주와 베이징은 계속 건어물을 수입했고, 청과물은 중국뿐만 아니라 일본에서도 잘 팔렸다. 국수 역시 정신없이 팔려나갔다. 덕분에 삼성상회의 매출은 1년 만에 배 이상 늘었고, 자본금도 10억 원으로 크게 불어났다.

회사가 잘되어가자 호암은 새로운 사업을 찾았다. 땅을 사는 데 모든 돈을 쏟아 부었다가 보기 좋게 실패한 경험이 있는 호암은 한 곳에 집중적으로 투자하는 것보다는 여러 곳에 나누어 투자하는 것이 더 안전하다고 판단했다.

그 무렵 호암은 조선양조朝鮮酒造를 팔려고 한다는 소리를 들었다. 조선양조는 대구에서 1, 2위를 다투던 큰 회사였는데 경영자들이 의견이 맞지 않아 서로 싸우다 서둘러 파느라고 비교적 싼값인 10만 원에 내놓았다고 했다.

당시 중일전쟁을 치르고 있던 일본은 모자라는 군수물자를 만들기 위해 힘겹게 살아가는 우리 국민들을 쥐어짰다. 세금도 악착같이 걷어갔다. 하지만 유독 양조업계만큼은 따뜻한 봄날이었다. 세무서가 세금 수입을 확보하려고 어찌나 밀주 단속을 잘해 주는지 술은 빚어내기만 하면 팔려나갔다. 세금도 이익의 3분의 1만 내면 되었다.

호암은 즉시 10만 원을 주고 조선양조를 사들였다. 막걸리 한 섬과 쌀 한 섬에서 얻어지는 이익은 서로 비슷했다. 조선양조가 연간 생산하는 막걸리 양이 8000섬이었으니 호암은 하루아침에 8000석지기가 된 셈이었다.

호암은 예전보다 더 짙게 막걸리를 빚어서 내놓았다. 막걸리는 가난한 농민들이나 도시의 막노동꾼들이 허기를 달래려고 먹는 술이었다. 이익을 적게 보는 한이 있더라도 그들에게 좋은 술을 대주고 싶었다. 그래야 마음속에 자리하고 있는 죄책감을 조금이나마

떨칠 수 있을 것 같았다.

호암은 한때 논밭을 사들여 큰돈을 벌었지만 그로 인해 농민들의 생활은 더 어려워졌다. 오직 돈을 버는 일에만 신경 썼던 호암은 사업이 실패한 후에야 그 같은 사실을 알았다. 부끄러웠다.

조선양조 막걸리를 마셔본 사람들은 너나 할 것 없이 좋아진 술맛을 칭찬했고, 차츰 입소문이 퍼져 멀리 경산과 칠곡 등지까지 팔려나갔다. 사람들을 위해 이익을 적게 보려고 했던 것이 오히려 사업을 번창시키는 결과로 돌아온 것이다. 그때부터 호암은 어떤 사업을 하든 항상 남에게도 이익을 줄 수 있는 길을 찾았다.

결심한 이후에는 과감히 실행하라

결심하기 전에는 충분한 검토가 필요하지만 계획이 확정되면 만난 (萬難)을 무릅쓰고 과단성 있게 실행해야 하는 것이 사업가의 기본적인 태도이다.

— 1980. 7. 3. 전경련 강연(최고경영자연수회)에서

사업보국이
내 길이다

무역업과 양조업은 거짓말처럼 잘됐다. 호암의 주머니에 또다시 주체할 수 없을 만큼 많은 돈이 들어오기 시작했다. 그와 더불어 호암을 찾아오는 사람들이 늘어났고, 그들과 함께 고급 술집에 드나드는 일도 잦아졌다. 사실 호암은 술을 많이 마시지 못했다. 그런데도 그의 발길이 밤마다 술집으로 향하는 것은 견디기 힘든 허전함 때문이었다.

나라의 현실은 암담하기만 했다. 1941년 12월 7일, 중일전쟁은 마침내 태평양전쟁으로 번졌고, 일본은 '국가 총동원령'을 내려 돈과 자재, 설비, 노동력 할 것 없이 모두 끌어 모아 전쟁에 들이부었다. 놈들은 쌀 등의 곡물뿐만 아니라 포탄을 만들기 위해 솥과 놋그릇, 수저까지 빼앗아갔다. 술도 양조회사가 팔 수 있는 것은 5%뿐이었다. 나머지 95%는 군대에 보내야 했다.

일본이 모든 물자를 빼앗아가는 바람에 가뜩이나 심각한 식량난이 더 심해졌다. 쌀을 구할 수 없게 된 사람들은 만주에서 들여온 콩깻묵을 먹었다. 그래도 일본 군인과 관료들은 온갖 구실을 갖다 붙여 물자를 빼냈고, 그것들을 몰래 팔아 자기 뱃속을 채웠다. 반면에 한국인 기업가나 상인들은 법을 어겼다는 이유로 잡혀가는 일이 많았다.

쌀뿐만 아니라 생선이나 채소도 구하기 어려워지자 일본인 관료들은 호암에게 손을 벌리기 시작했다. 밀가루나 채소, 건어물 등도 5%만 자유롭게 팔 수 있었는데 그것들을 나누어달라고 압력을 넣었던 것이다. 호암은 그럴 때마다 부탁을 들어주는 대신 자신이 알고 있는, 아무 죄 없이 억울하게 감옥에 갇힌 사람들을 풀어달라고 요구했다.

일본은 걸어서 바다를 건너려는 무모한 짓을 저지르고 있었다. 일본인 관료마저 먹을거리가 떨어져 호암에게 매달리는 형편이었다. 이런 상황에서 더 무슨 사업을 하겠는가. 이대로 가면 나나 우리 가족들도 위험해지지 않겠는가.

불안해진 호암은 고향인 중교리로 내려갈 마음을 먹고 대구에서 북쪽으로 12킬로미터 떨어진 신동新洞에 1만 평짜리 과수원을 샀다. 미쳐서 날뛰는 일본이 빼앗아갈지 모르는 재산을 나누어놓고, 먹을거리가 떨어질 때를 대비하기 위해서였다. 그 후 호암은 삼성상회와 조선양조를 이순근에게 맡기고 고향으로 내려갔다. 1942년

봄의 일이었다.

일본의 패색은 갈수록 짙어져갔다. 그러나 비록 막바지에 이르렀다고 해도 언제 끝날지 모르는 것이 전쟁이었다. 호암은 중교리와 신동의 과수원을 오가며 세상이 어떻게 돌아가는지 살폈다.

마침내 1945년 8월 15일, 불볕처럼 뜨겁던 그날 오후, 라디오에서는 날씨보다 더 뜨거운 목소리가 흘러나왔다. 일본 천왕이 무조건 항복했다는 것이었다. 방송이 끝나자 중교리 사람들은 일제히 "만세"를 외치며 길거리로 뛰쳐나왔다.

더위를 피해 고향 집에 내려와 해방의 날이 오기만을 기다렸던 호암도 밖으로 뛰쳐나가 목이 터져라 만세를 불렀다. 감격에 겨운 눈물이 쉴 새 없이 쏟아져 가슴을 적셨다. 태극기의 물결이 거리를 휩쓸고 지나갔고, 집집마다 그동안 숨겨두었던 태극기를 찾아 내걸었다. 호암은 눈부시게 나부끼는 태극기를 바라보며 한없는 기쁨에 젖어들었다.

일본 천황이 항복을 선언한 지 사흘째 되는 8월 17일, 호암은 설레는 마음으로 대구로 나왔다. 하지만 해방의 기쁨을 좀처럼 억누를 수 없어서였을까. 무분별하게 행동하는 사람들이 적지 않았다. 이들은 관공서나 일본인이 살았던 집들을 불태우고 거침없이 주먹을 휘둘렀다. 혼란스러웠다. 정계는 물론 경제계도 무정부 상태나 다름없었다. 그런 와중에서 다행히 삼성상회와 조선양조는 아무런 피해도 입지 않았다.

호암은 우선 양조장에 들러 다시 일을 시작하라고 일렀다. 술은 만들어져 나오기가 무섭게 팔려나갔다. 하지만 호암은 마음이 편치 않았다. 세상은 날이 갈수록 어수선해지는데 돈만 벌면 무슨 소용이 있느냐는 생각이 들었던 것이다.

호암은 해방 후의 혼란과 미군정 당국의 현실을 무시한 식량 정책 등으로 쌀을 구하기가 어려워지자 아예 양조장 문을 닫아버렸다. 비록 사업가지만 악랄한 일제의 손아귀에서 간신히 벗어난 만큼 나라와 민족을 위해 보람 있는 일을 하고 싶었던 것이다.

호암은 대구에서 사업을 하는 사람들로 이루어진 '을유회乙酉會'에 들어가 기업인이 갖춰야 할 올바른 자세가 무엇인지, 나라와 사회의 미래는 어떻게 될 것인지 등등에 대해 진지하게 의견을 주고받았다. 그 후 을유회는 일본인이 경영하던 지방 신문 「조선민보」를 사들여 「대구민보」로 이름을 바꾸고 언론사업을 시작했다.

호암은 일주일에 한 번 을유회 사람들과 만나 토론하면서 아무런 사명감 없이 사업을 벌여온 자기 자신을 깊이 반성했다. 그리고 사람은 저마다 타고난 능력이 있다는 것, 그 능력을 최대한 펼치는 것이 나라와 사회에 대한 봉사이고, 책임이라는 사실을 깨달았다.

내가 가장 잘하는 것은 무엇인가. 사업이다. 사업으로 나라 발전에 이바지하면 된다. 나라가 안정을 찾으려면 경제가 좋아져야 하고, 그래야 국민들도 편히 살 수 있을 것이다.

그때 호암의 머릿속을 번개처럼 스쳐가는 단어가 있었다. 바로 사업보국이었다. 호암은 시노모세키로 가는 배 안에서 일본 경찰에게 참기 힘든 모욕을 당한 후 무슨 일이 있어도 대한민국을 풍족한 나라로 만들겠다고 다짐했었다. 그때 싹튼 신념이 마음속에서 뛰쳐나와 사전에도 없는 단어로 형상화된 것이었다. 호암은 온몸에 소름이 돋는 것을 느꼈다. 마치 신의 계시라도 받은 듯했다.

사업을 일으켜 나라에 보답하자. 그것이 내 길이다.

속삭임과도 같은 그 말이 호암의 마음에 파문처럼 번졌다. 호암이 사업에 뜻을 세운 것이 제1의 각성이라면 사업보국의 신념을 굳힌 것은 제2의 각성이라고 할 수 있었다.

기업을 통한 국가 건설

내가 성공한 것은 주로 사회의 제반 여건이 계속 변했기 때문에 가능했다. 일제 치하에서 나는 단지 안락한 생활을 위해 돈을 많이 벌자고 생각했었다. 그러다가 2차 세계대전이 끝나 한국이 독립되자 나는 한국을 명실상부한 독립국가로 건설해야 한다는 책임감을 느끼게 되었고, 이 꿈을 기업을 통해 실현할 수 있겠다고 생각했다.

– 1977. 12. 12 미국 「비즈니즈위크」지 회견에서

믿고 맡겼으면
의심하지 마라

사업보국의 신념을 굳힌 호암은 그동안 닫아두었던 조선양조의 문을 열고 시설을 크게 늘려 청주를 만들어내기 시작했다. 호암이 '월계관月桂冠'이라는 이름을 붙인 청주는 영남 일대를 비롯해 멀리 서울까지 팔려나갔다.

호암은 정치에 발을 디딘 이순근 대신 이창업李昌業을 책임자로 임명하고, 부사장에는 김재소金在炤를 맞아들였다. 두 사람은 을유회 회원이기도 했다.

을유회 회원들과 함께 「대구민보」 경영진이 되어 총무국장을 맡았던 호암은 양조장이 바쁘게 돌아가자 석 달 만에 총무국장을 그만두었다. 그의 머릿속을 가득 채우고 있는 것은 더 큰 무대에서 새로운 사업을 펼쳐야겠다는 생각뿐이었다. 주위에서는 양조업이 잘되고 있는데 굳이 다른 사업을 벌일 필요가 있겠느냐고 말렸지만 호암은 마음을 바꾸지 않았다. 조선양조만 가지고는 나라와 사회를 발전시킬 수 없다고 판단했던 것이다.

마침내 호암은 1947년 5월, 조선양조를 직원들에게 맡기고 가족과 함께 서울 혜화동으로 이사했다. 무슨 사업을 할지 뚜렷한 계획이 있었던 것은 아니었지만 호암은 결코 서두르지 않았다.

호암은 먼저 국제 무역의 흐름과 국내 정치·경제의 움직임을 살피는 한편 우리나라 국민들에게 지금 당장 필요한 것은 무엇인가를 면밀히 조사했다. 그 결과 턱없이 부족한 물자 문제를 해결하려면 무역업을 해야 한다는 답을 얻었다.

호암은 서울로 올라온 지 1년 반이 지난 1948년 11월, 서울 종로 2가에 사무실을 차리고 삼성물산공사三星物産公司라는 간판을 내걸었다. 회사 이름에 '공사'를 붙인 것은 주요 거래 대상인 홍콩, 마카오, 싱가포르 등지의 화교 상인들에게 친근한 느낌을 주기 위해서였다.

처음에는 사장인 호암이 75%의 돈을 대고 전무 조홍제, 상무 김생기金生其 등 여섯 사람이 나머지 25%를 댔다. 하지만 호암은 곧 원하는 사원들은 누구나 돈을 댈 수 있도록 했고, 그에 따라 이익도 골고루 나눠주기로 했다. 다시 말해 '사원주주제'를 시행한 것이다. 이는 직원들에게 '내 회사'라는 주인 의식을 심어주기 위해 내린 결단이었다.

자신에게 돌아오는 이익이 많아지면 사원들은 더욱 즐겁게, 더 열심히 회사를 위해 일할 것이고, 스스로 이익을 많이 낼 수 있는 방법을 찾지 않겠느냐는 것이 호암의 생각이었다. 실제로 사원들은 회사가 잘돼 이익이 늘어날수록 자기한테 들어오는 돈이 많아지자 회사 일을 내 일처럼 여기고 열심히 일했다. 회사가 커질 수밖에 없는 이유가 바로 여기 있었다.

홍콩, 싱가포르 등 동남아에 오징어와 우뭇가사리 등을 수출하고 무명실을 수입하는 일부터 시작한 삼성물산공사는 차츰 철판에서 재봉틀, 실 등에 이르기까지 수백 가지 품목을 수입했다.

사원들은 이미 자신의 능력을 120% 발휘하고 있는 상황이었다. 여기에 우리나라 국민들에게 꼭 필요한 물자만 찾아 공급한다는 호암의 전략 또한 기막히게 맞아떨어져 삼성물산공사는 하루가 다르게 커나갔다.

삼성물산공사는 회사 문을 연 지 1년 반 만에 1억 2000만 원의 순이익을 올려 당시 상공부에 등록된 543개 무역업체 중 7위로 올라섰고, 그다음 해에는 당당히 1위 자리에 이름을 올렸다. 그야말로 눈부신 발전이었다.

호암은 비로소 기업 경영의 묘미를 알게 되었다. 무슨 일을 하든 쉽게 실패하지 않을 자신감도 생겼다. 하지만 그 모든 것이 6·25 전쟁과 함께 무너져버리고 말았다. 그동안 벌어놓았던 돈도 하루아침에 신기루처럼 사라졌다.

6월 27일 저녁, 식사를 하며 라디오에 귀를 기울이고 있던 호암은 깜짝 놀라 수저를 놓쳤다. 수도를 수원으로 옮기기로 했다는 뉴스가 흘러나왔던 것이다. 믿을 수 없는 일이었다.

정부는 북한군을 물리치는 것은 시간문제이니 마음 놓으라고 큰소리를 치지 않는가.

호암은 서둘러 집 밖으로 나갔다. 어둠이 내리자 미아리고개를 넘어오는 피난민 행렬이 혜화동 일대를 가득 메웠고, 대포 소리는 점점 더 가까운 곳에서 들렸다. 정부 발표만 믿은 것이 실수였다.

호암은 이러다간 큰일 나겠다 싶어 가족들을 데리고 종로에 있는 회사 지하실로 갔다. 그때 어디선가 날카로운 소리가 들리더니 대포 소리가 멎었다. 호암은 밖에 나가 상황을 살피고 싶었지만 발이 떨어지질 않았다.

새벽 2시쯤에는 용산 쪽에서 땅을 뒤흔드는 요란한 폭발음이 들려왔다. 그것은 한국군이 한강 철교를 폭파시키는 소리였다. 그리고 얼마나 지났을까. 이번에는 탱크 지나가는 소리가 들렸다. 호암은 그제야 북한군이 서울에 들어왔다는 것을 알았다.

28일 아침, 뜬눈으로 밤을 새운 호암은 절망감에 휩싸여 가족들을 데리고 집으로 돌아갔다. 죽더라도 내 집에서 죽고 싶었던 것이다.

북한군이 쳐들어온 지 불과 나흘 만에 세상은 완전히 변했다. 호암은 대문을 닫아걸고 방 안에 틀어박혔다. 다음 날인 29일부터 인민위원회 내무서 등 여러 기관에서 온 사람들이 재산이 얼마나 있는지 조사하겠다, 사상 검토를 하겠다며 호암을 귀찮게 했다. 당시 삼성물산공사는 인천 창고에 설탕, 용산 창고에 재봉틀 같은 비싼 물건을 제법 많이 쌓아두고 있었는데 7월 초에 모조리 북한군에게 빼앗기고 말았다.

그 무렵 호암은 원인 모를 복통으로 몸져누웠다. 온몸이 으슬으슬 춥고 떨렸고, 밥도 제대로 먹을 수 없었다. 그런 상태에서 다락과 마루 밑에 숨어 있을 곳을 마련하고 대문이 조금만 흔들려도 얼른 숨곤 했다. 호암은 지주의 아들이었고, 무역업을 하는 부르주아지였던 것이다. 두려움에 시달린 입맛은 갈수록 떨어졌고, 복통은 나날이 심해졌다.

그러나 9월 28일 오후 한국군이 다시 광화문에 모습을 나타내자 복통은 말끔히 사라졌다. 신기한 일이었다. 맥아더 장군의 인천상륙작전으로 아군이 3개월 만에 서울을 되찾은 것과 동시에 호암과 그의 가족들 곁을 떠나지 않던 죽음의 그림자도 걷혔다.

하지만 기쁨도 잠시, 11월 25일 50만 명에 달하는 중공군이 끼어들면서 청진淸津까지 치고 올라갔던 아군은 밀리기 시작했다. 정부도 이번에는 서울 시민들에게 남쪽으로 내려가라고 권했다.

호암은 남은 삼성물산공사의 재산을 모두 팔아 그 돈으로 한 대에 200만 원이 넘는 트럭 5대를 간신히 구했다. 한강물이 얼기 시작하는 12월 초순이었다. 호암은 직원과 직원 가족들까지 트럭에 가득 태우고 서울을 빠져나갔다.

호암이 대구에 다다른 것은 사흘이나 지난 후였다. 호암은 먼저 조선양조에 들렀다. 김재소 사장과 이창업 책임자, 김재명 공장장 등이 반갑게 호암을 맞아주었다.

호암은 깊은 한숨을 쏟아내며 그들에게 말했다.

"이제 나는 빈털터리네. 모든 것이 끝났어."

"사장님, 걱정하지 마십시오. 우리에게 3억 원이 있습니다. 그 돈으로 무슨 일이든 못 하시겠습니까?"

이창업이 힘주어 말했다.

"뭐? 3억?"

호암은 깜짝 놀라 되물었다. 이창업 옆에 있던 김재소가 말을 받았다.

"맞습니다. 그 정도 돈을 빼 쓴다고 해도 양조장사업에는 아무런 탈이 없습니다."

호암은 그동안 양조장 일에 대해서는 큰 관심을 갖지 않았다. 가끔 편지 등으로 보고를 받았을 뿐 운영은 모두 현장 간부들에게 맡겼다. 그만큼 그들의 인격과 능력을 믿고 있었던 것이다.

하지만 지금은 전쟁 중이었다. 그들이 운영을 잘못 해서 회사에 엄청난 손해를 입혔다고 해도 나무라거나 따질 형편이 아니었다. 그런 터에 그동안의 이익을 꼬박꼬박 모아두었다가 건네주리라는 생각은 하지도 못했었다. 전란으로 인심이 거칠어질 대로 거칠어졌지만 그들은 결코 호암의 믿음을 저버리지 않았던 것이다.

호암은 가슴이 뭉클해졌다. 이렇게 정직하고 믿음직한 사람들이 옆에 있다는 것이 너무나 고마웠다.

믿고 맡겼으면 의심하지 마라

나는 사람을 믿으면 끝까지 믿으려고 애쓴다. 그 사람에게 맡겨놓고 뒷조사를 하고 능력을 의심해서는 안 된다.

— 1983. 4. 28. 비서실회의에서

눈처럼 쏟아져 나오는
하얀 설탕

 자금을 마련한 호암은 곧바로 가족들과 함께 임시 수도인 부산으로 내려갔다. 호암은 보수동寶水洞에 15평짜리 작은 집을 구하고 부평동富平洞에 5평 남짓한 사무실을 얻었다. 차츰 뿔뿔이 흩어졌던 친구들과 연락이 닿았고, 함께 일하던 사람들도 모여들었다.

 그즈음 계속 중공군에 밀리던 미군이 한국을 버리고 돌아갈지도 모른다는 소문이 떠들썩하게 퍼졌다. 호암은 내심 불안했지만 1951년 1월 10일 부산시 대교로大橋路 2가에 삼성물산주식회사를 새로 세우고 무역업을 시작했다.

 좋지 않은 상황임에도 불구하고 사업은 크게 성공해 1년 후에는 3억 원의 자금이 20배인 60억 원으로 불어났다. 530%라는 물가상승률을 고려한다고 해도 분명 엄청난 이익이었다. 그러나 호암은 기쁘지 않았다. 무언가 허전했다. 전란으로 어려움을 겪고 있는 국민 경제에 어느 정도 도움을 주고 있었고, 사업가로서 이룬 성과도 충분히 높았다. 그런데도 마음은 무겁기만 했다. 악성 인플레이션으로 화폐 가치가 날이 갈수록 떨어지고 있었고, 무역업계의 호황이 얼마나 더 계속될지도 의문이었던 것이다.

인플레란 참으로 무서운 것이었다. 돈을 쉽게 벌 수도 있지만 그만큼 쉽게 잃을 수도 있었다. 어쩌면 60억 원은 단지 장부에 적힌 숫자에 불과할지도 몰랐다.

호암은 깊은 고민에 빠졌다.

여기서 만족해야 하나. 더 중요한 일은 없는 것일까.

물자가 턱없이 모자랄 때였다. 당연히 무역은 무엇보다 우선되어야 할 일이었다.

그러나 언제까지 남의 나라 물건을 사다 써야 하는가. 우리가 쓰는 것은 우리 스스로 만들어야 하지 않겠는가.

다행히 우리나라에는 우수한 인재들이 많으니 원료를 들여와 다양한 상품을 만들어 수출해야 한다. 이것이야말로 우리나라가 살수 있는 유일한 길이다. 그러기 위해서는 필수적으로 제조업을 일으켜야 한다.

오랜 고민 끝에 마음을 굳힌 호암은 곧 삼성물산 경영진을 모아놓고 제조회사를 세우겠다는 뜻을 밝혔다. 하지만 경영진들은 약속이라도 한 듯 일제히 반대하고 나섰다. 뿐만 아니라 정부 관계자들도 호암이 제조회사를 세우려 한다는 사실을 알고 적극적으로 말렸다. 그들의 의견을 정리하면 다음과 같았다.

벌써 오래전에 휴전 회담이 시작되었지만 아직 결정된 건 아무것
도 없다. 여전히 남과 북이 서로에게 총구를 겨누는 전쟁은 계속되
고 있다. 사람들은 불안에 떨고 있고, 인플레도 쉽게 가라앉을 것
같아 보이지 않는다. 이런 상황에서 생산공장을 세우는 데 엄청난
돈을 쏟아 붓는다는 것은 화약을 짊어지고 불 속으로 뛰어드는 것
이나 마찬가지다. 공장을 지으려면 시간이 많이 걸리고, 투자한 돈
이 언제 되돌아올지도 모르기 때문이다. 공장을 세우고 물건을 만
들어낸다 해도 품질은 홍수처럼 쏟아져 들어오고 있는 값싼 원조
물자보다 뒤떨어질 것이 뻔하다. 그런 물건을 사람들이 거들떠보기
나 하겠는가.

호암의 말에 고개를 끄덕이는 사람들도 먼 미래를 보면 옳은 일
이지만 지금 당장은 더 많은 물건을 빨리 들여오는 것이 더 급한 일
이라고 이야기했다. 하지만 호암은 아랑곳하지 않았다. 처음부터
수익성 따위에는 관심이 없었기 때문이었다. 사람들이 반대할수록
그의 결심은 더욱더 단단해졌다.

호암의 무서운 열정과 집요한 설득에 회사 경영진들도 점차 생각
을 바꾸었다. 그들은 조심스럽게 물었다.

"대체 어떤 생산공장을 지으려 하십니까?"

호암도 선뜻 대답할 수가 없었다. 아직 정해 놓은 것이 없었던 것이다.

"그건 이제부터 고민하면 되지 않겠소?"

호암은 슬며시 웃으며 말했다. 구체적인 계획 없이 경영진들을 설득했던 자신이 우습게 느껴졌다. 경영진들도 어이가 없는지 멍하니 앉아 있다가 이내 큰소리로 웃음을 터뜨렸다. 일단 목표를 정하면 끝까지 밀어붙이는 호암의 성격을 잘 알고 있었기 때문이었다.

호암은 곧 모든 사원들에게 생산업을 하는 데 필요한 자료를 모으라고 지시했다. 얼마 후 종이를 만드는 제조업과 의약품을 만드는 제약업, 설탕을 만드는 제당업이 가장 유망하다는 조사 결과가 나왔다. 종이와 약, 설탕 모두 국내에서는 거의 생산되지 않아 수입에 의존하는 품목이었다. 특히 설탕은 남한에 공장이 한 곳도 없어 그 값이 세계시장 가격의 세 배에 이르렀다.

호암은 이 세 가지를 놓고 분석과 검토를 되풀이하다 일본 미쓰이물산에 세 업종에 대한 자료와 견적서를 부탁했다. 가장 먼저 들어온 자료는 제당업에 대한 것이었다. 그것도 3개월 만에 보내왔다. 제약업은 6개월, 제지업은 8개월 후에나 보낼 수 있다고 했다. 호암은 지체 없이 제당업을 택했다. 어느 것 하나 필요하고 중요하지 않은 게 없었지만 하루가 아쉬울 때였던 것이다.

그 무렵 정부는 화폐 단위를 원圜에서 환圜으로 바꾸었다. 1953년 2월 15일의 일이었다. 원 대 환의 비율은 100 대 1이었는데 다행히 예금을 묶어 두지는 않아서 별다른 불편 없이 사업을 계속해 나갈 수 있었다.

호암은 그해 4월 삼성물산 내에 제당회사를 세울 사무실을 마련하고 본격적으로 사업을 준비했다. 자본금은 새로운 돈으로 2000만 환이었고, 주주는 대부분 삼성물산 임원들이었다. 호암은 휴전 협정이 이루어지기 1달 전인 6월에 발기인 총회를 열고 그 자리에서 회사 이름을 '제일제당공업주식회사第一製糖工業株式會社'로 정했다. 누가 봐도 알기 쉽고 부르기 쉬워서였다. 또한 그 이름 안에는 무슨 일이든 제일 씩씩하게, 굳은 의지로 일하자는 뜻이 담겨 있었다.

호암은 회사를 세우고 공장을 지을 땅을 찾았다. 결코 쉽지 않은 일이었다. 임시 수도인 부산 시내에 있는 쓸 만한 땅은 모두 군대가 차지하고 있었던 것이다. 특히 교통이 편리하고 수도와 전기 사정이 좋은 땅 1000평을 구하는 것은 불가능해 보였다.

그러던 어느 날 호암은 전포동田浦洞에 1500평쯤 되는 빈 땅이 있다는 사실을 알았다. 땅 주인은 고집이 대단한 노인인 듯 그동안 많은 사람들이 서로 땅을 사려고 값을 올렸지만 콧방귀도 뀌지 않았다고 했다. 그런 사람이 제 발로 호암을 찾아와 땅을 내놓으리라고는 정말 아무도 생각지 못했던 일이었다.

노인은 예전에 대구에 있을 때부터 호암을 알고 있었다며 "사람과 그 사람이 사업을 하려는 뜻에 반했기 때문이지 돈 욕심이 나서 파는 건 아니라는 것만 알아달라."고 했다. 너무나 고마운 마음이었다. 호암은 그 마음에 보답할 기회를 찾았지만 아쉽게도 노인은 몇 년 후 세상을 떠나고 말았다.

이제 남은 문제는 자본금을 어떻게 해결하느냐, 하는 것이었다. 일본에서 보낸 견적은 18만 달러였다. 그중에서 기계와 시설 비용이 15만 달러였고, 이를 들여오는 데 드는 비용이 3만 달러였다. 당시 우리나라 형편으로는 큰돈이었다. 1952년도 수출 총액이 5659만 달러에 불과했던 것이다.

호암은 상공부 장관을 찾아가 자초지종을 설명하고 도움을 청했다. 18만 달러는 우리나라 돈으로 1080만 환이었다. 호암의 말을 귀 기울여 들은 상공부 장관은 즉시 담당자를 불러 외환을 내주라고 지시했다. 모자라는 우리나라 돈 2000만 환은 상공은행 이상실李相實 행장의 배려로 쉽게 빌릴 수 있었다. 이상실 행장은 생산공장을 세우려는 호암의 계획을 전폭적으로 지지했다. 이로써 공장을 지을 땅과 자본금 문제가 모두 해결되었다.

그러나 그때 생각지도 않았던 문제가 불쑥 머리를 내밀었다. 공장에 들여놓을 기계와 설비는 이미 부산항에 들어와 있었다. 이것들을 일본에서 수입한 이유는 값이 싸고, 거리가 가까워 부품을 들여오기가 편리해서였다. 그런데 정부에서 정작 기계를 짜 맞추고, 설치하고, 시범운전을 해야 할 일본인 기술자들을 단 한 명도 입국시킬 수 없다고 나온 것이다. 일본을 싫어하는 이승만 대통령이 그들을 받아들이지 않는 정책을 폈기 때문이었다.

호암은 어이가 없었다. 이런 일이 벌어질 줄 알았다면 처음부터 일본에서 기계를 들여올 생각 따위는 하지 않았을 것이었다. 호암은 어쩔 수 없이 기계를 짜 맞추고 설치할 수 있는 회사가 국내에 있는지 알아보았다. 다행히 한 회사가 설계도만 있으면 할 수 있다고 나왔다. 그러자 이번에는 일본 회사 사람들이 반대를 했다. 일본 기술자가 설치해야 기계가 잘 움직이고, 제대로 된 제품이 만들어진다는 것이었다. 그들로서는 당연한 반응이었다. 계약서에 기계를 설치한 후 설탕이 제대로 나오지 않으면 일본 회사가 책임을 지도록 되어 있었던 것이다.

하지만 호암의 귀에는 그 말이 "한국의 기술로 제당공장을 지을 수 있겠느냐."는 소리처럼 들렸다. 자존심이 상했다. 무슨 일이 있어도 반드시 우리 기술로 해내고 싶었다.

호암은 김재명 공장장과 함께 일본으로 건너가 일본 회사 사람들을 설득하는 한편 제당공장들을 두루 둘러보며 벼락치기 공부를 했다. 김재명 공장장은 일을 마치고 한국으로 돌아오는 길에 국내 기술진만으로 충분히 공장을 지을 수 있다는 자신감을 보여주었다. 그의 자신감이 호암에게 큰 용기를 주었다.

그 후 기계가 하나 둘씩 공장으로 들어왔고, 김재명 공장장은 한국인 기술자들을 데리고 기계를 짜 맞추어나갔다. 하지만 작업은 생각처럼 쉽게 이루어지지 않았다. 막히는 부분이 여기저기서 튀어나왔다. 그때마다 김재명 공장장은 일본 회사에 국제전화를 걸어

▲ 제일제당 부산 공장

궁금한 부분을 물어보았다. 당시 우리나라 국제전화 사정은 아주 좋지 않았다. 아침에 신청하면 저녁때나 다음 날 아침이 되어야 간신히 통화를 할 수 있었다. 소리도 잘 들리지 않아 싸움이라도 하듯 고함을 질러야 했다. 어려운 전문 용어가 많고 설명이 복잡해서 더 알아듣기 힘들었을 것이다.

전화로 답을 얻을 수 없을 때는 편지를 보냈다. 답장은 보통 2주일 후에나 왔는데 그때마다 일손을 놓은 채 기다려야 했다. 그 과정에서 일부 기계는 우리 기술자들이 철판을 구해 직접 만들어 썼다.

어려운 상황은 계속 이어졌지만 우리 기술진들은 악전고투 끝에 6개월 만에 일을 마무리했다. 예정보다 두 달이나 앞당겨 공장을 지은 것이다. 호암은 껴안고 싶을 만큼 그들이 사랑스러웠고, 또 자랑스러웠다.

10월 28일, 마침내 시범운전을 하는 날이 왔다. 공장에 들어선 호암은 많은 사람들 앞에서 조심스럽게 시동 스위치를 눌렀다. 거대한 제당기계가 우렁찬 소리를 내며 돌아가기 시작했고, 곧이어 제품이 쏟아져 나왔다. 하지만 그것은 설탕이라고 보기엔 힘들었다. 기술자들이 기계를 세우고 꼼꼼히 살펴봤지만 원인을 찾지 못했다. 일본 회사에 국제전화를 걸어 문의해 봐도 정확한 이유를 대지 못했다. 그날부터 사원 모두가 밤낮을 가리지 않고 기계를 검사했다. 호암도 집에 들어가지 않고 기계에 매달렸다.

그러던 어느 날이었다. 우연히 공장 안에 들어와 있던 한 용접공이 기술자들에게 물었다.

"원당原糖을 왜 저렇게 많이 넣는 거죠?"

잔뜩 신경이 날카로워져 있던 기술자들은 벌컥 화를 냈다.

"모르면 가만있지 웬 참견이야!"

하지만 호암의 귀에는 용접공의 말이 허튼소리로 들리지 않았다. 호암은 즉시 원당의 양을 줄여서 넣으라고 지시했다. 과연 해답은 가까운 곳에 있었다. 양을 줄이자 차츰 설탕에 가까운 제품이 나오기 시작하더니 눈부시게 하얀 설탕이 쏟아져 나왔다. 성공이었다.

호암은 설탕을 한 줌 집어 들고 입에 넣었다. 달디 달았다. 외국에서 만든 설탕에 결코 뒤떨어지지 않는 맛이었다. 호암은 바로 그날, 1953년 10월 5일을 제일제당 창립기념일로 정했다.

제일제당은 해방 이후 우리나라에 세워진 최초의 현대적인 대규

모 생산 시설이었다. 호암은 쏟아져 나오는 설탕을 바라보며 이제야
비로소 일다운 일을 하나 해냈다는 생각을 했다. 머릿속으로만 그려
왔던 사업보국을 드디어 현실에서 이루어냈다는 자부심도 생겼다.

호암은 앞으로도 늘 우리나라 경제를 이끌어가는 제일 주자가 되
어 나라와 국민이 잘 살 수 있는 길을 열고, 그 길을 걸어가야겠다
고 결심했다.

시작보다 더 중요한 것은 판단이다

우리들의 일상사는 크든 작든 판단의 연속이다. 사장은 사장으로서,
사원은 사원으로서 맡겨진 판단을 피할 길이 없다. 더욱이 오늘날과
같이 촌각을 다투는 국제정세 속에서 이 대소의 판단이 시의(時宜)를
득(得)하고 정확을 기하지 못하면 한번 싸워볼 기회조차 가져보지 못한
채 패퇴(敗退)하고 말게 되는 것이다. 시작이 반이라는 말이 있지만 시
작보다 더 중요한 반은 바로 이 판단력에 있다.

– 1977. 1. 1. 신년사에서

돈을 버는 것은
다음 문제다

1953년 10월 5일 오후. 시범제품으로 만든 설탕이 트럭에 실려 공장을 빠져나갔다. 그 모습을 지켜보던 김재명 공장장을 비롯한 전 직원이 울먹이는 목소리로 일제히 "제일제당 만세!"를 외쳤다.

이날 만들어진 설탕 1만 458근6300kg은 1근당 48환, 모두 50만 1984원이라는 파격적인 가격으로 부산시 부평동에 있는 총판에 팔렸다. 우리나라 시장에 우리 손으로 만든 설탕이 처음으로 선을 보이는 순간이었다.

하지만 국산 설탕은 외제 설탕보다 1근당 252환이나 싼 데도 불구하고 잘 팔리지 않았다. 우리나라에서 만들었다고 하니까 사람들이 품질을 믿지 못했던 것이다. 맛을 보라고 주면 마지못해 혀에 대본 후에 "외제를 왜 국산이라고 속이느냐!"며 화를 냈다.

호암은 어쩔 수 없이 설탕 값을 근당 100원으로 올렸다. '싼 게

비지떡'이라는 소비자들의 인식을 바꿀 방법이 없었던 것이다.

그때부터 설탕은 조금씩 팔리기 시작했다. 싸고 좋은 상품이 팔리지 않는다면 그것이 오히려 더 이상한 일 아니겠는가. 소비자들의 의심이 차츰 사라져가면서 국산 설탕의 인기는 갈수록 높아졌고, 6개월 후에는 불티나게 팔려나갔다. 밤낮을 가리지 않고 만들어내도 도저히 원하는 수요를 맞출 수 없을 정도였다.

제일제당은 2년 만에 생산량을 두 배로 늘렸다. 하루 100톤씩 만들어낸 것이다. 이에 따라 100%였던 설탕 수입률은 54년에는 51%로, 55년에는 27%로 떨어졌다.

그 무렵 어떤 사람들은 호암을 가리켜 "설탕 장사나 해서 돈을 번 사람"이라고 비난했다. 하지만 호암은 개의치 않았다. 정치적, 경제적 여건을 무시하고 자동차나 선박을 만든답시고 중공업을 했다가 망했다면 그들은 호암을 정신 나간 사람이라고 욕했을 것이다. 호암은 이렇게 생각했다.

'한 나라의 산업은 단계적으로 발전한다. 처음에는 생활에 필요한 물품을 스스로 만들어 쓸 수 있도록 소비재나 경공업을 키우며 기술력과 경험을 쌓고 돈을 모아야 한다. 그런 다음 이를 바탕으로 더 높은 기술력과 더 많은 돈이 들어가는 중화학공업이나 전자산업으로 나아가야 한다.'

결과적으로 호암의 생각은 옳았다. 처음부터 제철 등 중화학공업을 일으키는 데에만 신경을 썼던 인도는 상대적으로 낮은 품질과 높은 가격으로 세계시장에서 경쟁력을 잃었고, 국내 판매도 신통치 않아 외국에서 빌린 돈을 제때 갚지 못해 국제적으로 망신을 당하고 있었다. 인도뿐만 아니라 브라질이나 칠레, 멕시코 등도 사정은 마찬가지였다.

한편 1956년에 이르러 우리나라의 설탕 수입률은 7%로 뚝 떨어졌다. 제당업체가 한꺼번에 7개나 더 생긴 탓이었다. 하지만 경쟁업체들이 마구 생겨도 제일제당의 국내시장 점유율은 70%에서 더 내려가지 않았다. 그만큼 소비자들이 좋게 생각했고, 품질도 뛰어났기 때문이었다.

그러나 1957년 1월, 정부가 설탕 물품세를 20환에서 60환으로 대폭 올리면서 설탕 값도 껑충 뛰어올랐고, 계속 늘어만 가던 설탕 수요는 급격히 줄어들었다. 제당업계에 한파가 불어 닥친 것이다. 자연히 경쟁력 없는 업체들은 기계를 세워놓거나 문을 닫았다.

한파는 제일제당에도 밀려왔다. 이 힘든 싸움에서 살아남으려면 품질이 뛰어나고 값도 싼 설탕을 내놓아야 했다. 그러자니 생산에 들어가는 간접비용과 인건비 등을 줄이는 수밖에 없었다.

그동안 제일제당은 계속 규모를 넓혀 종업원 수만 1000명 가까이 늘어났다. 극심한 불황의 늪에 빠져 기계를 세우거나 일부 공장의 문을 닫는 날에는 순식간에 종업원 몇 백 명이 실업자가 될 것이었다.

'기업이 사회에 봉사할 수 있다는 것은 무엇보다 많은 사람들에게 일자리를 주기 때문이다. 따라서 사람을 내보낸다거나 잠시라도 문을 닫아 실업자를 만들어낸다는 것은 사회적인 의무를 저버리는 것이나 마찬가지다. 때문에 기업가란 어떻게 해서든 기업을 별 탈 없이 건강하게 이끌어나가야 한다. 이윤을 챙기는 것은 그다음 문제다.'

이렇게 생각한 호암은 최선의 방법은 비용을 나누어 댈 수 있는 다른 업종을 함께 운영하는 것이라고 판단했다.

호암의 지시로 업종을 검토한 중역들은 제과업이 어떻겠느냐는 의견을 내놓았다. 설탕을 찾는 사람들이 줄어들고 있으니 설탕이 많이 들어가는 과자를 만들어 팔면 일석이조가 아니겠느냐는 것이었다. 실제로 제과업을 하면 남아도는 설탕을 처리할 수 있고, 원가도 줄일 수 있어서 큰 도움이 될 것 같았다.

호암은 먼저 국내 제과업의 실태를 자세히 조사하라고 일렀다. 그 결과 제과업을 하고 있는 모든 회사의 규모가 중소기업에도 못 미치고, 시설 또한 형편없다는 사실을 알게 되었다. 그 속에 제일제당이 뛰어들면 당장 시장을 손아귀에 넣고 엄청난 돈을 벌어들일 수 있다는 것은 불을 보듯 빤한 일이었다.

호암은 세차게 고개를 흔들었다. 제일제당을 살리기 위해서 힘없는 회사들을 죽일 수는 없는 노릇이었다. 돈만 버는 것이 목적이라면 제과업보다 쉬운 일이 세상에 널려 있었다.

호암은 제과업 대신 제분업을 하기로 결정하고 1957년 10월 제

▲ 제일제당 인천 제2공장

일제당 안에 제분공장을 지었다. 당시 제분업도 삼백경기三白景氣라
는 단어가 생길 정도로 호황을 누릴 때 무분별하게 들어선 16개의
회사가 치열한 경쟁을 벌이고 있었다. 삼백은 설탕과 밀가루, 광목
을 말한다.

　호암은 뒤늦게 그 속에 끼어들어 고달픈 싸움을 해가며 남이 이
루어놓은 것을 빼앗고 싶은 마음이 전혀 없었다. 다만 제분업과 제
당업 모두 심각한 불황의 물결에 휩쓸려 허덕이고 있는 때인 만큼
설탕과 밀가루가 서로 수요를 일으킬 수 있다는 측면에서 두 업종
을 동시에 하면 제일제당이 위기를 벗어날 수 있지 않겠느냐는 생
각이었다.

　호암은 100% 우리나라 기계를 써서 제분공장을 지으라고 지시
했다. 이는 결코 쉽지 않은 일이었다. 고된 작업은 반 년 가까이 이

어져 공장은 1958년 4월에 완공되었고, 5월부터 밀가루를 만들어 시장에 내놓았다.

그 해에 만든 밀가루는 모두 76만 7000부대였는데 예상했던 대로 적자를 면치 못했다. 그러나 이듬해인 1959년에는 우리나라 밀가루 총생산량의 25.2%에 이르는 157만 4000부대를 만들어냄으로써 제일제당은 위기에서 벗어나 한숨 돌릴 수 있게 되었다.

그 후 제일제당은 제당업과 제분업을 바탕으로 조미료, 식용유, 고기 가공제품 등 수십 가지 식품부터 사료와 비료, 기초 의약품 원료까지 생산하는 종합식품회사로 성장했다.

일정한 선을 넘어선 부는 내 것이 아니다

개인이 사용 가능한 범위를 넘으면 이미 부(富)는 내 것이 아니라고 느껴진다. 그리고 관리할 수 있는 능력 이상의 재산을 자손에게 물려주는 것은 옳지 않다고 생각한다. 혼탁한 현대사회의 그릇된 가치관을 바로잡고 인간 본연의 가치와 질서를 되찾을 수 있는 정신문화의 진작에 공헌할 수 있도록 재산을 처분하고 싶다.

– 1971. 2. 사장단회의에서

나는 우리나라 사람들의
능력을 믿는다

1954년, 제일제당이 한창 잘나갈 때의 일이다. 한 중역이 회의석상에서 설탕 값을 50환 정도 올리자고 했다가 호암에게 된통 혼이 났다. 50환을 올리면 근당 10환이었던 이익이 60환이 되어 1955년에 올린 순이익 80억 환의 6배, 즉 480억 환을 벌어들일 수 있었다. 하지만 호암은 차갑게 쏘아붙였다.

"그렇게 많은 돈을 벌어서 어쩌자는 거요? 장사에도 도의가 있는 법이오. 내가 설탕을 만들겠다고 마음먹었던 것은 국민 경제에 조금이라도 도움을 주고 싶어서였소. 처음부터 시장을 나 혼자 움켜쥐고 내 뱃속을 채울 생각 따윈 털끝만큼도 없었단 말이오."

지나치게 많은 돈은 짐이 된다고 생각해서 제일제당을 세운 호암이었다. 그때 이미 호암은 제당업을 해서 번 돈으로 국민들의 생활에 꼭 필요한 다른 물건을 우리 손으로 만들어낼 생각을 하고 있었다.

호암은 아무도 거들떠보지 않는 거친 땅에 공장이 들어서고, 그 공장 안에서 수많은 사람들이 활기차게 일하고, 쏟아져 나오는 물건들이 트럭에 가득 실려 나가는 것을 볼 때마다 자신이 살아 있다는 사실을 확인할 수 있었다. 그것은 기업을 운영하는 사람에게는 가장 소중한 순간이었다. 호암은 식지 않는 의욕과 끊임없는 도전으로 나라 경제 발전을 이끄는 힘이 되고, 주춧돌이 되는 것이 기업가가 해야 할 일이라고 생각했다.

그러나 기업가를 바라보는 사람들의 시선이 곱지만은 않았다. 돈만 벌 수 있다면 무슨 짓이든 할 사람이라고 생각하는 듯했다. 호암은 예술가가 훌륭한 작품을 만들어내면 박수를 아끼지 않으면서 기업가를 바라보는 시선은 왜 그리 삐딱한지 알 수 없었다.

왜 단순히 돈이 많다는 이유로 욕을 얻어먹어야 하는가. 기업가도 예술가처럼 사회를 풍요롭게 만들려고 노력한다. 그런데 왜 계속해서 사업을 키우고자 하는 기업가들의 의지는 꺾으려고만 드는가. 사람에게 보다 나은 세계로 나아가고 싶은 의지가 없었다면 예술이나 기업은 물론 문명 자체가 사라지고 말았을 것이다.

제일제당의 성공으로 생산업에 자신을 얻은 호암이었다. 이제는 훨씬 더 규모가 큰 현대적인 공장을 세우고 세계시장으로 뻗어나가 국제적인 인정을 받고 싶었다. 호암이 제당공장 증설에 필요한 기계를 사기 위해 독일로 떠나는 조홍제 부사장에게 모직업에 대해 알아보라는 지시를 내린 것도 그 때문이었다.

해방 후 번듯한 양복을 입고 다니는 사람을 흔히 '마카오 신사'라고 불렀다. 마카오 등지에서 쏟아져 들어온 옷감이 양복시장을 휩쓸고 있을 때 생긴 유행어였다. 그 같은 유행어가 생긴 이유는 우리나라에서 변변한 양복지를 만들어내지 못했기 때문이었다. 하지만 사람들은 그것을 이상하게 생각하지 않고 당연하게 여겼다. 양복지는 외국 제품을 써야 한다는 생각이 사람들의 머릿속에 단단히 틀어박혀 있었던 것이다.

당시 우리나라에도 면방공장이 몇 개 있기는 했다. 하지만 얼마 만들어내지 않았고, 품질도 좋지 않았다. 면방보다 훨씬 많은 돈과 고급 기술을 필요로 하는 모방은 더 말할 것도 없었다. 공장들이 일제강점기 때 쓰던 낡은 기계를 고쳐서 쓰고 있어서 손으로 만드는 것이나 다를 바 없었다.

양복이라고 해야 미군들이 입던 군복에 물을 들인 것이 대부분이었다. 일반 회사원이 이른바 마카오 양복지로 만든 양복을 한 벌 사려면 세 달 월급을 한 푼도 쓰지 않고 모아야 했다. 이런 상황에서 외제 못지않게 값싸고 질 좋은 양복지를 우리 손으로 만들어낸다면 엄청난 외화를 아낄 수 있었고, 나라 경제에 큰 보탬이 될 수 있었다.

호암은 국민 모두가 손쉽게 양복을 입을 수 있었으면 좋겠다는 생각에 중역들에게 모방공장을 세우고 싶다는 뜻을 밝혔다. 하지만 대부분의 중역들이 반대하고 나섰다. 굳이 하겠다면 모방보다는 위험이 적은 면방을 하자고 했다.

호암은 중역들에게 모방과 면방을 함께 조사해 보라고 지시했다. 그 결과 중역들의 의견을 따라 대규모 현대식 면방공장을 세우면 지금 있는 공장들은 모두 문을 닫을 수밖에 없다는 사실이 밝혀졌다. 안 될 일이었다.

답답해진 호암은 상공부 장관을 찾아가 의견을 물었다. 상공부 장관은 시원하게 대답했다.

"수출할 수 있을 만큼 최신식 기계를 갖추고 있다면 면방도 해볼 만합니다. 그러나 면방은 이미 사양길에 접어든 산업입니다. 멀리 내다본다면 역시 면방보다는 모방을 해야 합니다."

호암은 묵묵히 고개를 끄덕였다. 상공부 장관은 잠시 호암을 쳐다보더니 이렇게 덧붙였다.

"지금 모직물이 얼마나 많이 밀수입되고 있는지 그 실태조차 파악할 수 없는 형편입니다. 모직공장을 세우는 것은 국가적으로도 서둘러야 할 일입니다. 나라를 위해 이 사장님이 나서주십시오."

그 말에 마음을 굳힌 호암은 중역들을 모아놓고 모직공장을 짓겠다는 선언을 했다. 중역들이 아무리 반대하고 설득해도 호암은 마음을 바꾸지 않았다.

호암이 모직공장을 짓는다는 소문이 퍼지자 많은 사람들이 어이 없다는 듯 콧방귀를 뀌었다. 400년 전통을 지닌 영국의 모방과 겨뤄보겠다는 생각 자체가 어리석기 그지없다는 것이었다. 설탕 팔아서 떼돈을 버니까 모든 일이 다 자기 뜻대로 되는 줄 아는 모양이라고 비웃는 소리도 들렸다. 하지만 호암은 신경 쓰지 않고 서둘러 공장건설계획을 세웠다. 그리고 1954년 9월 15일, 보란 듯이 제일모직공업주식회사第一毛織工業株式會社를 설립했다.

호암은 중역들과 함께 어느 정도의 규모와 시설을 갖추어야 할 것인가를 논의했다. 중역들의 의견은 대부분 만일의 경우를 대비해 작게 시작하자는 것이 안전하다는 쪽이었다. 호암은 단호하게 말했다.

"어떤 사업이든 실패할 위험은 있습니다. 그러나 가장 위험한 것은 처음부터 실패할 수 있다는 불안한 마음으로 사업을 시작하는 것입니다. 100% 자신이 없으면 아예 시작부터 하지 말아야 합니다. 불안한 마음에 망설이다 보면 최선을 다할 수 없습니다."

호암의 뜻을 알아차린 중역들은 고개를 숙인 채 서류만 바라보았다. 호암은 잠시 그들을 둘러보다 말을 이었다.

"나는 국내시장만이 아니라 수출도 생각하고 있습니다. 우리보다 앞선 영국이나 일본과의 경쟁에서 이기려면 어떻게 해야 합니까? 당연히 값싸고 질 좋은 제품을 만들어내야 합니다. 그러려면 최신 시설을 갖춘 국제 수준의 현대식 대규모 공장을 세워야 한다는 것이 내 의견입니다."

중역들의 반응은 떨떠름했지만 호암은 강력하게 밀어붙였다. 문득 호암의 머릿속에 만주 신징新京에 동물원을 만든 대학 선배의 이야기가 떠올랐다. 선배는 동물원 설립 예산을 대부분 땅을 사는 데

썼다. 그러자 주위에서 동물부터 사는 것이 순서가 아니겠느냐, 처음부터 그렇게 넓은 땅을 사들일 필요가 있었느냐며 비난의 목소리를 높였다. 그때 선배는 간단하게 대답했다.

"처음부터 작게 시작했다가 나중에 동물이 늘어나면 어떻게 하겠는가. 동물은 다른 곳에서 기증받을 수도 있고 그때그때 예산을 타내서 살 수도 있는 것 아닌가."

선배의 생각은 정확히 들어맞았다. 얼마 지나지 않아 어처구니없을 정도로 커보였던 동물원이 여러 동물들로 가득 차게 되었던 것이다.

하지만 모직공장은 동물원과는 또 달랐다. 공장 설립에 필요한 기계·설비를 공짜로 내줄 곳은 단 한 군데도 없었다. 엄청난 돈을 주고 사와야 했다.

호암은 먼저 기계·설비를 사올 돈을 마련하기 위해 미국 원조당국을 찾아갔다. 그러나 담당자들의 반응은 차갑기 그지없었다. 그들은 한국의 기술 수준으로는 공장을 세울 수 없을 뿐만 아니라 외국인의 손을 빌려 공장을 지었다 해도 물건을 만들어낼 수 없을 거라고 장담했다.

호암은 "전에 제당공장을 짓겠다고 했을 때 당신들은 승산이 없다고 말렸지만 우리는 보다시피 훌륭하게 해내지 않았느냐?"며 그들을 설득했다. 하지만 그들은 여전히 "양복지와 설탕은 큰 차이가 있다. 수백 만 달러가 들어가고 또 현재 한국의 기술로는 무리다."

는 말만 되풀이할 뿐이었다.

그렇다면 우리 돈으로 외화를 사는 방법밖에 없었다. 호암은 그 전에 혹시 도움을 받을 수 있을까 해서 일본으로 건너갔다. 그러나 일본 업체들도 매우 비협조적이었다. 호암이 대규모 모방공장을 차려서 성공하는 날에는 당연히 시장을 잃을 거라고 생각했던 것이다.

호암은 그래도 열심히 일본 업체들을 찾아다녔다. 며칠 후 다행히 다이니폰大日本 모직회사의 한 기술자가 기꺼이 계획서를 만들어 주겠다고 나왔다. 그가 만든 계획서에는 모두 일본 기계를 사용하고, 공장을 세울 때 일본 기술자가 감독한다는 내용이 들어 있었다.

호암은 곧장 계획서를 들고 한국으로 돌아왔다. 계획서를 받아본 정부는 공장을 짓겠다면 일본 기계 대신 독일 기계를 사다 쓰라고 했다. 그러면서 이미 주문해 놓은 스핀바우사의 기계가 있으니 그것을 사라고 권유했다.

정부 역시 모직물 수입에 너무 많은 외화가 들어가고, 모방은 우리나라 기술로는 만들기 힘들다는 사실을 알고 있었다. 때문에 먼저 공기업을 하나 만들어 운영하다가 기회가 되면 일반 기업체에 넘길 계획이었다. 그러던 참에 마침 호암이 모방사업을 한다니까 잘됐다 싶어 맡아달라고 한 것이었다. 호암은 하는 수 없이 정부의 뜻에 따라 스핀바우사에 공장 설계를 맡겼다.

약 2달 후 스핀바우사에서 설계도를 보내왔다. 호암은 중역들과 함께 꼼꼼히 설계도를 살폈다. 그 결과 스핀바우사의 기계는 장소나 날씨 등 여러 가지가 우리나라 환경에 맞지 않는다는 것을 알았다. 호암은 주요 기계는 독일 제품을 쓰되 부속품은 영국·이탈리아·프랑스 등지에서 세계 최고의 성능을 자랑하는 것들만 사들이기로 했다.

선진국에서는 실을 만들고, 물을 들이고, 천을 짜는 일 등이 각각 전문화·분업화되어 있었다. 하지만 제일모직은 이 모든 작업을 하나로 묶지 않으면 안 되었다. 당시 우리나라에는 실을 만들거나 물을 들이는 공장이 거의 없었기 때문이었다.

그러던 어느 날 미국 파이팅사의 중역 한 사람이 호암을 찾아왔다. 파이팅은 세계적으로 유명한 모방회사였다. 중역은 대뜸 호암에게 물었다.

"이 사장님, 왜 미국에서 도와주는 달러로 유럽의 기계를 사려고 합니까?"

호암은 뜨끔했지만 태연하게 대답했다.

"파이팅사가 기계를 잘 만든다는 것은 나도 잘 알고 있습니다. 파이팅사의 기계는 디자인이 같은 제품을 많이 만들어낼 때는 더할 나위 없이 좋습니다. 그러나 우리나라처럼 품질이나 디자인 등이 다양한 제품을 한 공장에서 만들어내는 데에는 알맞지 않습니다."

"그건 모르고 하시는 말씀입니다. 우리는 지난 50여 년 동안 세계 여러 나라에 기계를 판매하고 10여 개 이상의 공장을 지었습니다만 단 한 번도 실패한 적이 없습니다. 우리를 믿고 공장 건설을 맡겨주십시오.”

“공장은 우리 손으로 지을 생각입니다.”

호암은 딱 잘라 말했다. 파이팅사 중역은 어이가 없다는 듯 웃었다.

“만약 한국인이 지은 공장에서 3년 이내에 제대로 된 제품이 나온다면 내가 하늘을 날아보이겠소.”

그는 갑자기 호암 앞에서 새가 날개를 퍼덕이는 흉내를 냈다. 태도는 무례했고, 목소리는 건방지기 그지없었다. 호암의 결심은 더욱 굳어졌다.

“제일제당을 지을 때도 일본인들이 당신과 비슷한 말을 했소. 그러나 우리는 훌륭히 해냈습니다. 비록 기계와 기술은 들여오지만 이번에도 우리 손으로 직접 지어 당신들을 깜짝 놀라게 해줄 것이오.”

“모방공장을 지으려면 적어도 24가지 전문 기술이 필요하다는 사실을 알고 하시는 말씀입니까?”

“물론 잘 알고 있소.”

“알면서 그런 위험한 생각을 하시는 겁니까?”

“나는 우리나라 사람들의 능력을 믿습니다.”

호암은 단호하게 말했다. 아무리 설득해도 호암이 별다른 반응을 보이지 않자 파이팅사 중역은 실망한 표정으로 되돌아갔다.

하지만 그 역시 만만치 않은 사람이었다. 다음 날 다시 호암을 찾아와 좀 더 생각해 보라고 물고 늘어졌다.

“오랜 생각 끝에 내린 결론입니다.”

호암은 분명하게, 그러나 친절하게 거절했다. 그리고 서랍 속에서 메모를 꺼내 보여주었다. 메모에는 모직공장 건설에 반드시 필요한 온도와 습도, 전기, 교통, 물 등 48개에 이르는 문제점과 해결 방법이 자세히 적혀 있었다. 그것을 보고 놀란 파이팅사 중역은 이후 다시는 호암을 찾아오지 않았다.

10년 후를 내다보면 지금도 늦지 않다

우리는 흔히 10년 후를 아득한 미래로 생각하기 쉽다. 그러나 10년 전에만 시작했더라면 하고 후회하는 경우도 너무 많다. 이 같은 후회가 없으려면 지금이라도 늦지 않다. 국민 모두가 조금만 긴 안목으로 미래를 설계한다면 '10년 후의 가능성'은 결코 꿈이 아닌 현실로 나타나리라고 확신한다.

– 1978. '재계의 거목 이병철'에서

영국에 국산 양복지를
수출하다

    1955년 1월 4일 오전 10시, 호암이 회사 간부들과 함께 안전을 비는 제사를 지낸 후였다. 얌전히 서 있던 수십 대의 불도저가 일제히 요란한 소리를 내며 움직이기 시작했다. 그것은 우리나라 섬유 공업에 새로운 시대가 열렸음을 알리는 소리였다.

    불도저로 공장이 들어설 땅을 평평하게 고르는 작업이 끝나자 스핀바우사의 공사 현장 책임자가 찾아왔다. 그는 대뜸 호암에게 말했다.

    "본사 기술자들이 60명은 와야 하는데 아무리 서둘러도 1년은 걸려야 모든 기계와 장비를 설치할 수 있습니다."

    호암은 어이가 없었다. 대충 계산해 봐도 1년 동안 기술자들에게 줘야 할 돈이 30만 달러가 넘었다. 그 돈이면 웬만한 공장 하나쯤은 충분히 세우고도 남았다. 안 될 일이었다. 호암은 자칫하면 배보다

배꼽이 더 커지겠다는 생각에 핵심 부분 기술자만 몇 명 보내달라고 말했다.

"네? 방금 뭐라고 하셨죠?"

책임자는 호암의 말을 못 알아들은 듯 물었다. 호암은 침착하게 대답했다.

"제일제당 공장을 지은 경험도 있고, 기계를 짜 맞추는 일은 우리 기술자들이 얼마든지 할 수 있소. 주요 부문의 기술자만 한 사람씩 보내주면 반 년 안에 공장을 지어보이겠소."

그러자 책임자는 크게 놀라 정색을 하고 말했다.

"스핀바우사는 20여 년 동안 세계 여러 나라에 많은 공장을 성공적으로 지었습니다. 얼마 전에는 인도와 터키에 비슷한 규모의 공장을 지었는데 그때도 60명의 기술자가 1년 동안 고생했습니다."

"인도나 터키와 한국은 사정이 다릅니다. 우리나라에는 실력 있는 기술자가 많기 때문에 그 정도 인원이 필요 없습니다. 단 네 명만 있으면 충분합니다."

"공장을 다 지은 후에 제대로 물건이 나오지 않으면 어떻게 하실 겁니까? 그럴 경우 우리 스핀바우사는 책임질 수 없다는 조건에 동의하시겠습니까?"

"좋소. 그렇게 합시다."

호암은 선뜻 책임자의 말을 받아들였다. 책임자는 어쩔 수 없다는 듯 돌아섰다.

호암은 기계가 도착하자 거의 매일처럼 현장에 들렀다. 큰소리를 치긴 했지만 속으로는 걱정이 되었던 것이다.

호암은 일꾼들에게 왜 모방공장을 우리 손으로 지어야 하는지 설명하고, 공장을 제대로 만들지 못하면 한국 기술자의 체면이 땅에 떨어진다는 것을 강조했다. 그러면서 한편으로는 여성 근로자들이 지낼 기숙사를 짓는 일에도 많은 신경을 썼다. 공장이 돌아가기 시작하면 1000명이 넘는 여성이 필요한데 그들에게 좀 더 나은 환경을 마련해 주고 싶었던 것이다.

호암의 지시로 공장 전체에 스팀 난방이 설치되었고, 기숙사에는 목욕실, 세탁실, 다리미실, 휴게실 등 여러 가지 편리한 시설이 들어섰다. 호암은 공장 곳곳에 좋은 나무를 사다 심었고, 연못과 분수까지 마련했다. 그때 심었던 나무는 공장 건물을 뒤덮을 만큼 훌륭하게 컸고, 잔디도 곱게 자라 대구 시민들은 제일모직 공장을 '제일공원' 이라고 부르기까지 했다.

그 덕분인지 제일모직 공장은 예정보다 훨씬 빨리 지어졌다. 1년 걸릴 소모梳毛: 짧은 섬유는 없애고 긴 섬유만 골라 가지런하게 하는 일공장은 6개월 만에 지었고, 1956년 초에는 방모紡毛: 실을 뽑은 일와 직포織布: 천을 짜는 일, 염색, 가공공장 등도 차례로 지었다.

드디어 1956년 5월 2일, 제일모직 공장은 모든 준비를 끝내고 시범 생산에 들어갔다. 모두가 숨을 죽이고 첫 제품이 나오기를 기다렸다. 그러나 만들어져 나온 복지는 디자인이나 색깔 등은 괜찮았

▲ 제일모직 대구 공장

지만 어딘가 모르게 힘이 없었다.

호암은 설탕을 처음 만들 때 그랬던 것처럼 원인은 가까운 곳에 있을 거라는 생각을 했다. 아니나 다를까. 기계로 꽉 눌러서 짜는 마지막 작업이 제대로 이루지지 않았다. 원인을 알았으니 고치는 것은 금방이었다. 그것으로 옷감이 축 늘어지는 문제는 해결되었다. 하지만 여전히 폭신하고 부드럽지는 않았다.

호암은 모든 지원을 아끼지 않겠다며 영국제와 맞먹는 뛰어난 제품이 만들어져 나올 때까지 계속 연구하고, 작업 과정을 능률적으로 고쳐나가라고 지시했다. 제일모직 전 직원들은 호암의 지시에 따라 밤낮없이 일에 빠져 지냈고, 얼마 후에는 영국제에 뒤지지 않는 복지를 만들 수 있게 되었다.

하지만 소비자들은 설탕이 처음 나왔을 때와 비슷한 반응을 보였다. 제일모직 양복지 한 벌 값은 1만 2000환으로 영국제의 5분의 1밖에 되지 않는데 도대체 팔리지를 않았다. 국산 제품은 좋지 않다는 뿌리 깊은 불신 때문이었다.

호암은 그와 같은 불신을 깨기 위해 제일모직 양복지인 골덴텍스로 만든 옷만 입고 다녔다. 하지만 정부의 고급 관리나 재계의 인사들은 여전히 호암이 영국제 순모기지로 만든 옷을 입고 다닌다고 오해했다. 호암은 사람들이 역시 영국제는 다르다고 말하면 슬며시 양복 안에 찍혀 있는 '메이드 인 코리아MADE IN KOREA'라는 글자를 보여주었다. 그래도 제일모직은 골든텍스를 생산한 첫 해에 무려 5억 환이나 손해를 보고 말았다.

상황은 설탕의 경우와 놀랄 만큼 비슷하게 전개되었다. 차츰 골덴텍스가 영국제 못지않다는 입소문이 퍼지면서 찾는 사람이 급격

▲ 제일모직 구미 공장

히 늘어났고, 제일모직은 곧 적자에서 벗어났다.

1958년 1월 정부는 외국 양복지를 수입하지 못하도록 막았다. 골덴텍스가 결코 외국 제품에 뒤지지 않는다는 판단을 했기 때문이었다. 결국 제일모직은 이 땅에서 외국 양복지를 몰아냈고, 연간 250만 달러라는 엄청난 외화가 밖으로 새어나가지 않도록 했다. 뿐만 아니라 보다 많은 사람에게 일자리를 주어 삶의 질을 높였다.

제일모직은 이후로도 발전을 거듭해 모직의 본고장인 영국에 거꾸로 골덴텍스를 수출하는 쾌거를 이루었다.

인재양성은 국가를 위해

5년쯤 삼성그룹에 있으면 다른 회사의 과장으로, 우리 과장이라면 이사로, 부장이라면 상무로 발탁되고 게다가 급료도 더 받게 된다. 부장이 상무가 되는 것이니까 좋아서 옮겨가는 것이다. 하지만 우리는 절대로 붙잡지 않는다. 붙잡기로 하면 붙잡을 수 있을는지 모르지만 붙잡으려고 생각하지 않는 것이다. 다른 곳에 간다고 해도 결국은 어디선가 국가에 유익한 일을 하는 것이니까 국가를 위해서 삼성이 그 정도의 희생을 해도 좋다고 믿는다.

– 1977. 8. 「닛케이비즈니스」지 인터뷰에서

나라가 없으면 아무것도 없다

　　제일제당과 제일모직이 우리 국민의 생활습관을 바꿀 정도로 큰 성공을 거두자 호암의 이름은 기업인들은 물론 일반 시민들의 입에도 자주 오르내렸다. 심지어 농촌의 초등학교 어린이들도 이병철이라는 이름은 알았다. 그 이름은 부의 상징이었다.

　　어른들은 용돈을 헤프게 쓰는 아이들에게 "네가 이병철 아들인 줄 아느냐?"며 꾸짖곤 했다. 친구가 돈을 빌려달라고 할 때 없으면 흔히 쓰는 말도 "내가 이병철 아들이냐?"였다. 여기에는 그럴 만한 이유가 있었다. 당시 정부가 거둬들이는 총 세금의 2.8%를 호암이 내고 있었던 것이다. 이는 다시 말해 호암 같은 사람 35명만 있으면 그들이 우리나라 전체 세금을 떠맡을 수 있다는 이야기였다.

　　호암은 1957년 한국흥업은행 주식83%과 조흥은행 주식55%을 사들였다. 이로써 4개 시중은행의 절반이 삼성 소유가 되었다. 또 호남비료45%, 한국타이어50%, 삼척시멘트70% 등의 주식도 사들여 호암은 여러 기업의 대주주가 되었다. 호암이 '한국 최초의 재벌', '한국 제일의 기업가'로 불린 것이 이때부터였다.

호암은 그 후 1964년에 동양방송 TBC를, 1965년에는 중앙일보를 세우고 미디어사업을 시작했다. 당시 TBC는 가장 높은 시청률을 자랑하는 방송국이었다. 그러나 TBC는 1980년 전두환의 신군부에 의해 통폐합되었고, 중앙일보는 1999년에 삼성에서 떨어져 나왔다.

▲ 동양방송 TBC가 마지막 방송을 내보내던 날. 회사를 상징하는 깃발이 내려지고 있다(1980년 11월 30일).

호암은 정권이 바뀔 때마다 부정축재 혐의로 검찰에 불려가 조사를 받았고, 추진하던 사업이 초기화되는 어려움을 겪기도 했다. 뿐만 아니라 1966년에는 느닷없이 터진 사카린밀수사건에 휘말려 모든 것을 잃을 위기에 처하기도 했었다. 그때 호암은 자신의 돈으로 한국비료를 지어 정부에 넘기고 회사 일에서도 손을 뗐다. 참으로 비참했던 시기였다. 엄청난 부자임에도 불구하고 돈을 더 벌려고 밀수에 손을 댄 파렴치한이라는 말까지 들었던 것이다.

하지만 호암은 한 번도 나라를 원망해 본 적은 없었다. 호암은 늘

"나라가 없으면 아무것도 없다. 캄보디아, 베트남을 보라. 나라가 부강해야 기업도 잘될 수 있다. 나는 항상 나라 걱정을 하면서 삼성을 경영해 왔다."며 사업보국을 강조했다.

실제로 호암은 어떤 어려움이 닥쳐도 물리치고 꿋꿋하게 사업보국의 길을 걸어왔다. 시노모세키로 가는 배 위에서 일본인 경찰에게 모욕을 당할 때 싹텄던 신념이 호암에게 평생 가야 할 길을 열어준 셈이었다.

내가 버는 돈은 결국 국가 재산

1960년대 후반 들어서 "우리나라에서 제일 돈 많은 사람이 누구냐?" "이병철 회장이다."라는 이야기가 많이 들렸다. 이때 나는 내 일평생 쓰고 남는 것은 결국 내 재산이 아닌데, 자원도 부족하고 나라 살림도 어려운 형편에 내가 국가 재산을 너무 많이 가지고 있구나 하는 생각을 하게 되었다. 그래서 재산을 3등분하여 3분의 1은 문화재단에, 3분의 1은 삼성의 유공자, 종업원들의 후생단체 등에 헌납하고 나머지 3분의 1만 내가 가졌다.

– 1985. 4. 22. KBS 방송대담에서

제3장

반도체, 새로운
신화를 창조하다

회장님,
이제 돌아오셔야 합니다

호암이 한비사건으로 경영 일선에서 물러난 지 1년쯤 지난 어느 날이었다. 그날도 호암은 산책하듯 천천히 용인자연농원을 둘러보고 있었다.

호암의 상상은 중동의 사막을 푸른 농원으로 가꾸어놓은 이스라엘로, 진흙투성이의 땅을 기름진 땅으로 만든 덴마크로, 산이 많은 지역을 먹을거리를 만들어내는 귀중한 곳간으로 바꾼 스위스로 끝없이 내달렸다.

그때였다. 호암의 등 뒤에서 귀에 익은 목소리가 들렸다.

"회장님!"

호암은 걸음을 멈추고 뒤돌아섰다.

"이 사장, 여긴 어쩐 일이요?"

호암 앞에 서 있는 사람은 제일모직 사장 이창업이었다. 반가웠

▲ 용인자연농원 전경

다. 그는 호암과 조선양조장에서 인연을 맺어 기쁠 때는 같이 웃고, 괴로울 때는 함께 마음 아파했던 평생의 사업 동지였다.

"그동안 농원이 몰라보게 달라졌습니다, 회장님."

"아직 멀었어요."

두 사람은 근처 바위 위에 앉아 무럭무럭 자라고 있는 어린나무들을 바라보았다.

해방 이후 해외 나들이를 자주 했던 호암은 비행기 안에서 초라하기 그지없는 우리나라 산을 내려다볼 때마다 안타까운 마음이 들었다. 외국인들에게 한국의 산은 너무 헐벗었다는 말을 들을 때는 부끄러워 고개를 들 수 없었다.

그때부터 우리나라 산들을 푸르게 가꿔 후손들에게 물려줘야겠다고 생각한 호암은 은퇴를 선언한 이후 용인에 450만 평의 땅을 사들여 농원을 만들어나가고 있었다.

"정말 좋습니다. 조용하고, 공기도 맑고."

"그렇지요?"

호암은 고개를 들어 하늘을 쳐다보았다. 눈이 부셨다.

"제일제당에서 번 돈으로 진작 이렇게 편안하게 사셨어야 했는데 공연히 사업을 일구시느라 고생만 하셨습니다."

"아니야. 나는 사업을 벌일 때 비로소 내가 살아 있다는 걸 느껴. 위기를 겁내지 않고 달려온 것도 그 때문이 아닌가 싶어요."

"잘될 수 있는 사업을 기획하고, 어떻게든 그 목표를 이루는 데서 보람을 느끼는 것이 기업가라고 늘 말씀하셨지요. 남이 하기 힘든 사업을, 어려움을 떨쳐내고 일으켜서 세계적인 수준으로 끌어올리는 것이 곧 창조의 기쁨이라고도 하셨고요."

"그랬지. 그 기쁨이 항상 나를 자극해서 더 높은 곳으로 올라가게 만들었지."

"다시 말해 사업하시는 재미로 살아오신 것 아닙니까?"

이창업은 슬쩍 본론으로 들어갔다.

"그런 분이 언제까지 여기 농원에만 들어앉아 계실 겁니까?"

"이 사장, 나는 이제 지쳤어요. 내 나름대로 뚜렷한 목표와 자부심을 가지고 이루어놓은 사업을, 나를, 사람들은 뭐라고 하던가?"

"회장님 마음, 제가 왜 모르겠습니까? 하지만 삼성을 저 꼴로 내버려두시면 안 됩니다."

"왜 무슨 일 있어요?"

"회장님, 이제 돌아오셔야 합니다."

이창업은 강한 어조로 말했다. 호암도 자기 대신 회사를 이끌고 있는 큰아들과 중역들 사이가 불편하다는 것쯤은 알고 있었다. 하지만 시간이 지나면 점차 나아지리라 생각했었다. 그런데 이창업이 직접 찾아와 이야기할 정도면 상황이 심각한 듯했다.

호암은 이창업을 돌려보내고 곰곰이 자신의 생활을 들여다보았다. 용기 중에서도 가장 중요한 것은 '양심이 시키는 대로 행동하는 용기' 라고 말해 왔던 그였다.

세상 사람들이 함부로 퍼붓는 비난의 소리가 듣기 싫어 농원에 틀어박혀 지내는 것이 과연 용기 있는 생활인가.

호암은 문득 지금 자신이 서 있을 자리는 농원이 아니라 모든 것을 다 바쳐 일구어온 회사라는 사실을 깨달았다.

1968년 1월 1일 오전 10시경. 첫눈이 축복하듯 내려쌓이는 삼성 빌딩 앞에 그룹 내 각 기업의 임원을 태운 승용차들이 줄지어 몰려들었다.

삼성이 1월 1일에 새해맞이 행사를 하는 것은 이번이 처음이었다. 예전에는 늘 신정 연휴가 끝나는 4일에 했었다.

오전 11시, 두루마기 차림의 호암이 행사장에 들어서자 기다리고 있던 임원들이 큰 박수로 맞이했다. 잠시 후 호암은 식순에 따라 신년사를 시작했다.

"새해를 맞아 삼성 가족 여러분의 가정에 큰 복이 깃들기를 진심으로 기원합니다. 돌이켜보면 지난 한 해는 창업 이후 가장 어려웠던 고난의 해였습니다. 농촌 경제를 살리고 우리 스스로 비료를 만들기 위해 모든 힘을 다 바쳐 건설했던 한국비료를 나라에 바쳐야 했고, 그로 인해 밤낮을 가리지 않고 공장을 짓느라 애썼던 삼성의 임직원들은 허탈함과 쓰라림을 맛보았습니다. 하지만 원인이나 결과가 어떻든 우리는 창업 이념인 사업보국을 이루었다는 데 자부심을 가져야 합니다. 그 후 우리 삼성이 어려움을 겪고 있다는 것은 부인할 수 없는 사실입니다. 그러나 지금 우리가 겪고 있는 이 어려움을 이겨내야 할 사람은 바로 우리 자신입니다. 올해는 삼성을 다시 일으키겠다는 굳은 의지를 가다듬고, 모든 임직원이 힘을 모아 삼성이 살길을 찾아야 합니다."

순간 자리에 앉아 있던 임원들이 일제히 박수를 쳤다. 호암은 잠시 숨을 돌리고 말을 이어나갔다.

"온갖 어려움을 이겨내고 다시 일어섰을 때 다가오는 기쁨은 결코 창조의 기쁨 못지않습니다. 지금 나는 삼성 임직원들이 하나가 되어 열심히 노력하는 모습을 보고 삼성은 반드시 다시 일어선다는 믿음을 가지게 되었고, 나 자신이 기필코 삼성의 영광을 재현하고야 말겠다는 결심을 하게 되었습니다."

임원들은 숨을 죽이고 호암의 말을 귀 기울여 들었다. 호암은 그들을 한 명 한 명 쳐다보며 말을 계속했다.

"솔직히 털어놓자면 지난 30여 년간 사업을 하느라 지쳐서 이제 좀 물러나 쉬려고 했습니다. 하지만 이는 내 양심을 속이는 것이고, 모든 일은 반드시 바른길로 돌아간다는 큰 뜻에도 어긋나는 행동임을 알았습니다. 삼성이 아직 위기에서 벗어나지 못하고 있는 이때 나는 회사로 되돌아와서 여러분과 함께 있는 힘을 다해 삼성을 일으키려 합니다. 이제 삼성은 제2의 창업을 통해 세계를 향해 힘차게 뻗어나갈 것입니다!"

호암이 말을 마치자 임원들은 모두 일어서서 박수를 쳤다. 박수소리는 길게, 오래도록 행사장 안에 울려 퍼졌다.

호암이 돌아왔다는 소식을 들은 사람들은 고개를 갸우뚱했다. 물론 호암이 비장의 카드를 들고 나왔을 거라고 여기는 이들도 있었다. 하지만 대부분은 삼성이 달라질 거라고 보지 않았다. 아무리 삼성이라 하더라도 한국비료를 나라에 바친 후유증에서 벗어나 새로운 사업을 하려면 적어도 2~3년은 걸릴 거라는 것이 그들의 생각이었다.

그로부터 6개월 후, 고개를 갸우뚱하던 사람들은 크게 놀라고 말았다. 호암이 일본 아사이朝日신문과의 기자회견에서 "전자산업은 앞으로 충분히 성장할 수 있는 분야이므로 이에 도전해 볼 생각"이라고 말했던 것이다. 이는 한비사건으로 몸을 움츠리고 있던 삼성이 세계 초일류기업을 향해 거대한 발걸음을 내딛게 될 거라는 신호탄이었다.

국내시장만 바라보면 더 이상 발전이 없다

삼성은 국내시장을 목표로 해서는 안 된다. 앞으로는 해외시장을 목표로 해야 한다. 자원과 기틀이 빈약한 우리나라로서는 우리 국민의 강인한 민족성, 지혜로운 국민성을 최대한 살리고 활용해서 세계시장을 개척하고 타개해 나가는 것이 우리의 살길이다. 국내시장만 바라보고는 삼성이 절대로 클 수 없다.

– 1981. 8. 15. 임원교육 훈시에서

한 평이라도 더 크게
지어야 한다

호암은 새해 연휴가 끝나자마자 삼성물산 안에 개발부를 만들었다. 삼성의 미래를 열어갈 새로운 사업에 뛰어들기 위해서였다. 개발부는 4개월 동안 여러 사업을 조사, 연구하고 타당성을 검토한 끝에 전자산업이 가장 유망하다는 결론을 내놓았다.

그렇지 않아도 전자산업에 깊은 관심을 두어왔던 호암이었다. 1960년대 초 호암은 삼성물산 도쿄지점에 근무하는 시마다島田에게 텔레비전과 라디오 등 가전제품을 만드는 공장을 세우려면 무엇이 필요한지, 어디와 손을 잡는 것이 좋은지 조사하라고 지시했던 적이 있었다.

시마다는 곧 레코드를 생산하는 일본빅터주식회사JVC를 찾아가 상담을 시작했고, 1965년 5월 13일 '텔레비전과 라디오 공장 건설 기획서'가 작성되었다.

하지만 이 기획서는 빛을 보지 못했다. 호암이 한국비료 공장을 짓는 일에 온 신경을 곤두세우고 있었기 때문이었다.

호암은 개발부가 제출한 보고서를 읽고 '전자산업이야말로 기술과 노동력, 부가가치, 그리고 내수와 수출 전망 등 여러 면에서 우리나라 경제 실정에 꼭 알맞은 산업'이라는 판단을 내렸다. 그는 즉시 일본으로 건너가 산요전기三洋電氣의 이우에 토시오井植歲男 회장을 만났다. 이우에는 오래전부터 우정을 나눠온 호암이 전자산업에 관심을 보이자 도쿄에 있는 전자단지로 안내했다.

호암은 40만 평이 넘는 땅에 즐비하게 들어선 공장에서 텔레비전 수상기, 냉장고, 에어컨 등 여러 가전제품이 쏟아져 나오는 모습을 보고 할 말을 잃었다. 우리나라 기업들의 전자단지는 고작 몇 천 평 규모였던 것이다.

이우에 회장은 안내를 마치고 호암에게 말했다.

"전자산업이야말로 모래로 된 실리콘 칩에서 텔레비전 수상기에 이르기까지 무에서 유를 만들어내는 부가가치 99%의 산업입니다."

호암은 이우에 회장의 말을 듣고 산요전기보다 더 큰 공장을 세우겠다는 마음을 먹었다.

이제 방향은 정해진 것이나 다름없었다.

호암은 먼저 일본에서 가장 많은 신문을 발행하는 아사히신문을 통해 전자산업에 뛰어들겠다는 의지를 밝혔다. 일본의 관련 업계와 국내 전자업계의 반응을 살펴보기 위함이었다. 다행히 일본 업계는 호암의 뜻을 좋게 받아들였지만 국내 업계는 못마땅한 기색을 감추지 않았다.

여기에는 그럴 만한 이유가 있었다. 당시 우리나라는 전자회사가 만들어내는 제품의 양은 엄청나게 많았지만 그것을 필요로 하는 사람은 아주 적었다. 1968년도 통계자료에 의하면 콘덴서는 9200만 개 생산에 수요는 1200만 개, 스피커는 720만 대 생산에 수요는 180만 대, 라디오는 408만 대 생산에 수요는 48만 대, 텔레비전 수상기는 13만 6000대 생산에 수요는 4만 200대에 지나지 않았던 것이다.

하지만 호암은 라디오나 텔레비전을 만들어도 95% 이상 수출할 생각이었고, 이를 바탕으로 반도체나 컴퓨터 분야로 나아갈 계획을 세워놓고 있었다. 기존 업체들의 생각은 아주 잘못된 것이었다. 삼성이 뛰어드는 것을 겁내고 막을 시간에 경쟁력을 키우려고 노력하면 회사는 결코 무너지지 않는다. 아니 오히려 탄탄하게 커나갈 수 있다.

호암은 직접 박정희 대통령을 찾아가 만났다. 빠른 길을 놔두고 돌아갈 필요가 없다고 판단했던 것이다. 호암은 박 대통령에게 "전자산업은 앞으로 한국을 먹여 살릴 산업이니 국가적으로 키워나가야 한다."고 힘주어 말했다.

호암이 말하는 내내 고개를 끄덕이던 박 대통령은 곧바로 전자산업의 문을 열라는 지시를 내렸다. 그때부터 일은 빠르게 진행되었고, 마침내 호암은 1969년 1월 13일 삼성전자공업주식회사三星電子工業株式會社를 설립했다.

호암은 삼성전자를 세계적인 종합전자회사로 키우기 위해 '전자단지의 대형화, 공정의 수직 계열화, 기술개발 능력의 조기 확보'라는 3대 원칙을 세웠다. 이에 따라 삼성은 1969년 10월 경기도 수원시에 45만 평, 경남 울주군에 70만 평의 공장 부지를 마련했다.

그해 5월 하순, 호암은 일본의 산요 및 신니폰전기新日本電氣: NEC와 반반씩 돈을 대 각각 삼성산요, 삼성NEC를 설립하기로 합의했다. 그리고 6월 중순에 주요 생산 품목 및 연간 생산 규모를 발표했다. 그 내용은 삼성산요에서 실리콘 트랜지스터 6000만 개, 집적회로 2400만 개, 콘덴서 2억 5680만 개, 플라이백 트랜스 63만 개, 텔레비전 수상기 33만 대, 트랜지스터라디오 수신기 50만 대 등을 생산하고, 삼성NEC에서 수신용 진공관 2880만 개, 텔레비전 브라운관 42만 개 등을 생산한다는 것이었다.

국내 업체들이 아직 생산하지 못하고 있는 집적회로나 텔레비전 브라운관 등은 말할 것도 없고 1968년 통계자료와 비교해 보더라도 이는 엄청난 계획이었다.

물론 호암은 텔레비전 수상기와 라디오 수신기는 총생산량 중에서 15%만 국내시장에 내놓고 나머지 85%와 그 외의 품목들은 모두 수출한다는 방침을 세웠다. 하지만 이미 전자 분야에 진출해 있던 59개 회사는 삼성의 발표를 접하고 경악을 금치 못했다. 호암이 손을 댔으니 보통 규모는 아닐 거라고 짐작은 했으나 이 정도일 줄은 몰랐던 것이다. 불안해진 그들은 삼성이 내건 85% 수출은 정부로부터 허가를 얻어내기 위한 말장난에 불과하다고 몰아붙였다. 그러면서 "수출용 물건이 국내시장에 흘러들어올 가능성이 많다. 굳이 하겠다면 100% 수출해야 한다."고 주장했다.

호암의 발목을 움켜잡은 것은 전자업체뿐만 아니었다. 언론과 일부 국회의원들까지 나서서 "삼성과 산요의 합작투자는 많은 문제점이 있다. 먼저 삼성이 일본 기업과 손을 잡고 수많은 국내 회사들을 쓰러뜨릴 위험이 있다. 또한 산요가 우리나라에 들어오면 호시탐탐 한국시장을 노리고 있는 내셔널, 소니 등도 산요를 방패삼아 들어올 확률이 높다. 그러면 우리나라 전자시장은 완전히 일본 업체의 손에 넘어가고 말 것"이라고 주장했다.

반대 여론이 워낙 거세게 일자 정부는 질질 시간을 끌었다. 답답한 노릇이었다. 정부는 7월 한 달을 어영부영 넘기고 나서야 100% 수출해야 한다는 조건을 달고 삼성이 제출한 합작투자서에 사인을 해주었다.

호암은 입맛이 썼지만 결코 물러서지 않았다. 정부의 조건을 받아들일 생각이었다. 애초부터 한국시장을 바라보고 시작한 일이 아니었기 때문이었다. 호암은 삼성이 제2의 창업이라는 날개를 펼치려면 반드시 세계로 나아가야 한다는 믿음을 가지고 있었다.

그 무렵 일본에서 좋지 않은 소식이 날아왔다. 산요의 이우에 회장이 세상을 떠났다는 것이다. 그때부터 우호적이고 협조적이었던 산요의 태도가 갑자기 달라졌다. 100% 수출이라면 합작투자는 물론 기술제휴도 할 수 없다고 나온 것이다. 그래도 할 생각이 있다면 공장 규모를 3분의 1로 줄이고, 부품공장이나 먼저 지어보자고 했다.

호암은 지금 당장이라도 우리 힘으로 공장을 세우고 싶었다. 그러나 아직 삼성은 그럴 만한 기술을 가지고 있지 않았다. 호암은 산요와 다시 교섭을 벌였고, 눈물을 머금고 '삼성산요 제품의 판매권을 산요가 갖는다.'는 조건을 받아들였다. 그제야 정부도 9월 2일에 합작투자를 허가했다.

삼성산요는 이런 복잡한 과정을 거쳐 12월 4일 설립되었다. 제아무리 모험을 좋아하는 호암이라 할지라도 포기할 거라고 믿었던 국내 전자업체들은 또다시 긴장할 수밖에 없었다.

한 걸음 내디딘 호암의 행보는 거침이 없었다. 호암은 보란 듯이 9월 22일에 다시 삼성·NEC 합작투자신청서를 정부에 들이밀었다. 100% 수출하겠다는 데야 국내 업체들도 할 말이 없었다. 정부는 12월 20일 삼성과 NEC의 합작투자도 허가했고, 호암은 다음해인 1970년 1월 20일 삼성NEC지금의 삼성SDI를 설립했다. 처음에 정했던 목표를 기어이 이루어내고야 만 것이다.

호암은 삼성전자 임직원들에게 "앞으로 2년 안에 수원의 삼성산요 공장과 울주의 삼성NEC 공장을 완공하라."고 지시했다. 그러면서 "일본 도쿄의 산요단지보다 한 평이라도 더 크게 지어야 한다."

고 강조했다. 미래를 보고 전자산업을 키워나겠다는 강력한 의지를 표명한 것이다.

기업은 국력이다

기업은 국력이다. 국력이 큰 나라일수록 대기업이 많다. 우리나라에서는 대기업이라고 해도 외국에 비하면 아직 중소기업에 불과하다. 마치 우물 안 개구리와 같이 이 좁은 국내에서 첫째, 둘째를 겨룬다는 것은 우스운 일이다. 나는 기업을 건실하게 발전시켜 국부 형성에 이바지하고 나아가 세계 기업들과 어깨를 나란히 하는 것이 꿈이다.

– 1980. 7. 3 전경련 강연(최고경영자연수회)에서

알아야
이길 수 있다

호암은 공장을 지을 땅을 사들인 후 기술 인력을 확보하기 위해 애썼다. 돈보다 더 중요한 것이 바로 기술이었다. 호암은 국내에 있는 다른 업체 사람을 데려다 쓰지 않고 회사 내의 사원들을 일본 산요에 연수를 보냈다.

하지만 삼성의 기술자들이 산요에서 기술을 배우는 것은 그리 쉬운 일이 아니었다. 산요 기술자들은 중요한 기술은 삼성 기술자들이 배워가지 못하도록 막았다. 그들은 주요 부품의 설계도면이나 가격 등에 관한 서류는 늘 가방에 넣어가지고 다녔다. 심지어는 텔렉스 실까지 문을 굳게 걸어 잠그고 그 근처에는 얼씬도 하지 못하게 했을 뿐만 아니라 생산 과정에 어떤 문제가 생기면 삼성 기술자들은 모두 밖으로 쫓아내고 자기들끼리 도쿄 본사와 전화해서 일을 처리했다. 삼성 기술자들은 그들의 오만하고 무례한 태도에 깊은 상처를 입었다.

호암은 삼성 기술자들의 이야기를 듣고 몹시 화가 났다. 하지만 삼성 식구를 감쌀 처지가 아니었다. 호암은 불만을 털어놓는 기술자들에게 말했다.

"모르기 때문에 수모를 당하는 것이다. 그럴수록 이를 악물고 기술을 익혀야 한다. 꾹 참고 열심히 배우는 것만이 저들을 이기는 길이다."

삼성전자는 이러한 서러움을 겪으면서도 1970년 5월부터 트랜지스터라디오를 비롯한 여러 전자부품을 생산하기 시작했고, 그해 330만 달러라는 수출 실적을 올렸다. 이어 1971년 1월 29일에는 9인치·12인치 흑백텔레비전 500대를 처음으로 파나마에 수출했다.

그러나 삼성이 힘을 보탰음에도 불구하고 우리나라 전자제품 수출액은 5000만 달러에 지나지 않았다. 이는 정부가 발표한 수출 목표액 9200만 달러에 훨씬 못 미치는 실적이었다. 그 이유는 주요 수출 대상국인 미국이 경제적으로 어려움을 겪고 있었고, 원자재를 구하기가 쉽지 않아서였다. 또 기술이 부족해 단순한 것밖에 만들지 못하는 것도 문제였다.

반면에 국내시장은 국민들의 생활수준이 높아짐에 따라 텔레비전, 라디오 등 가전제품과 선풍기, 냉장고, 전기난로 등 계절상품을 찾는 사람들이 많아졌다. 하지만 가전제품과 전기난로는 몇몇 업체만 만들어내고 있어 국내시장 가격이 해외시장 가격보다 훨씬 더 비쌌다. 따라서 이들 업체는 수출은 멀리하고 국내시장에만 집중했다.

그러자 정부는 수출을 늘리기 위해 합작투자한 기업의 제품도 국내에서 팔 수 있도록 하고, 외국에서 들여오는 부품 제조용 원자재에 대한 세금을 없애기로 했다. 이에 따라 삼성산요 제품도 생산량의 15%는 국내에서 팔 수 있게 되었다.

호암은 이 정도 숨통이라도 트인 것이 다행이라고 생각했다. 다만 산요와의 계약 때문에 '삼성'이라는 상표를 떳떳이 붙이지 못하는 것이 아쉬울 뿐이었다.

그 무렵 소련과 우주 개발 경쟁을 벌이고 있던 미국은 군대에도 신경을 쓰느라 일반 국민들이 사용하는 전자제품은 대부분 수입하고 있었다. 일본은 이를 좋은 기회로 여기고 각종 전자제품을 헐값에 미국에 마구 팔아치우고 있었다.

그러나 일본의 덤핑 행위가 산업 발전에 큰 피해를 입히고 있다고 판단한 미국은 더 이상 일본 제품이 들어오지 못하도록 막으려 했다. 그렇게 되면 자연히 덕을 보는 것은 한국이었다. 더군다나 유엔에서 선진국들이 한국을 포함한 57개 개발도상국의 수출품에 세금을 적게 물리도록 하겠다고 발표한 상태였다. 한국 정부가 수출에 온 힘을 쏟는 이유가 바로 여기 있었다.

당시 호암은 삼성NEC를 통해 따로 텔레비전 생산 시설을 들여오

▲ 재계 중진들로 구성된 시찰단이 삼성전자를 방문해 자세한 설명을 듣고 있다(1982년 10월).

도록 했다. 제품에 삼성 상표를 붙이지 못하는 것이 못내 불만스러
웠던 것이다. 또한 일본에서 수입하던 브라운관 유리도 국내에서
생산할 계획을 세웠다.

마침내 1972년 11월 20일, 호암의 집요하고 끈질긴 노력이 빛을
발했다. 2년여의 공사 끝에 삼성전자 단지가 완공되면서 삼성이 만
들었다고 분명히 밝힌 텔레비전이 미국에 수출되어 '엉클 샘Uncle
sam'이라는 애칭으로 불리며 불티나게 팔렸던 것이다. 그때부터 삼
성전자는 먼저 전자산업에 뛰어든 금성, 대한전선, 동남전기 등 국
내 업체들을 따돌리고 앞장서 나가기 시작했다.

호암은 이듬해인 1973년에 이르러 삼성전자부품과 삼성코닝을
새로 설립하고 전자제품을 완전히 우리 손으로 만들어내기 위해 애
썼다.

이후 삼성전자는 1977년에 흑백텔레비전 100만 대를 생산하는 기록을 세우면서 컬러텔레비전도 만들어냈다. 그리고 1년 후인 1978년에는 흑백텔레비전 400만 대를 생산해 당당히 세계 1위 자리를 차지했다. 수출액은 총 1억 달러였다.

삼성전자의 신화는 계속되어 생산량은 500만 대, 700만 대로 늘어났고, 1981년에는 1000만 대를 생산해 세계 정상에 우뚝 섰다.

삼성전자는 1982년 VTR을 개발하고 컬러텔레비전 200만 대를 생산하는 기록을 세워 한국 전자산업의 새 장을 열었다. 이는 삼성 기술자들이 피와 땀으로 이룬 성과였다.

삼성전자가 눈부신 발전을 거듭하자 당황한 일본 업체들은 더 이상 기술을 알려주지 않았다. 때문에 삼성 기술자들은 외국 제품을 사다 놓고 뜯어보고 맞춰보며 스스로 연구 개발을 해야 했던 것이다.

호암은 그들의 노력을 결코 잊지 않았다. 아니, 잊을 수 없었다. 그들은 호암에게 있어 가족이나 마찬가지였다.

삼성산요와 삼성NEC, 삼성코닝 등을 통해 전자산업의 기초를 단단히 다진 호암은 이후 제일합섬과 호텔신라, 삼성석유화학공업, 삼성중공업, 삼성항공, 삼성종합건설 등을 세워 크게 성공시켰다.

호암이 새로운 사업을 구상할 때는 기존의 사업이 하루가 다르게 성장하고 있던 시기였다. 경영진 대부분은 위험 요소가 많은 새로운 사업에 반대했지만 호암은 자신의 생각과 판단을 굳게 믿고 과감하게 밀고 나갔다. 이는 호암에게 미래를 내다보는 밝은 눈이 있었기에 가능한 일이었다.

기술을 지배하는 자가 세계를 지배한다

기술을 지배하는 자가 세계를 지배하는 시대에 우리는 살고 있다. 따라서 경제 발전과 기업 성장의 기반이 되는 핵심기술과 첨단제품을 우리 스스로 개발하여 경쟁력을 높여나가는 일이 우리에게 주어진 시대적 사명이다. 삼성종합기술원은 이러한 신념의 표상(表象)으로서 삼성의 미래를 주도해 나갈 첨단기술의 산실이 될 것이며, 또한 국가 경제 발전에도 크게 공헌할 것을 확신한다.

– 1986. 6. 27. 삼성종합기술원 기공식에서

암일 가능성도
있습니다

호암은 1960년 후반부터 10년 동안 문화재단, 신문, 방송, 농원 등 여러 가지 일로 정신없이 바쁘게 살았다. 그러나 건강만큼은 자신 있었다. 50대에 들어설 무렵 가벼운 신경통을 앓은 것 외에는 이렇다 할 지병은 없었다. 소화가 잘 안 되고 속이 더부룩한 것이 마음에 걸렸지만 신경을 많이 써서 그런가 보다 하고 대수롭지 않게 넘겼다.

1976년 5월, 호암은 훌쩍 일본으로 건너갔다. 공사가 중단된 호텔신라의 자본금 문제를 해결하고, 그동안 미뤄두었던 조선소 합작회사 설립 건을 다시 추진하기 위해서였다.

삼성은 전자산업을 시작한 이듬해인 1971년부터 매년 70%라는 놀라운 성장을 거듭했다. 1971년 총 매출액은 492억 원이었지만 그다음 해인 1972년에는 821억 원, 1973년에는 1410억 원, 1974년에는 2170억 원으로 급격히 늘어났던 것이다. 또한 삼성이 1974년도에 수출한 금액은 1억 437만 5000달러였다. 그해에 우리나라가 수출한 총금액이 33억 7500만 달러이니 삼성이 거의 30분 1을 감당했다는 이야기다.

이렇듯 삼성이 잘나가자 호암에게 도움을 청하는 이들이 많아졌다. 정부도 마찬가지였다. 1972년 가을, 정부는 호암에게 나라에서 초청한 귀한 외국 손님이 머무를 수 있고, 1000여 명이 함께 모여 회의할 수 있는 호텔을 지어달라고 부탁했다.

사업 때문에 세계 여러 나라를 돌아다녔던 호암이었다. 호텔은 도시의 얼굴이자 한 나라의 얼굴이었다. 그러나 서울에는 '한국의 얼굴'이라고 내세울 만한 호텔이 없었다. 호암은 이왕 지을 거라면 최고의 시설을 갖춘 제일의 호텔을, 한국적인 멋을 살려 지어야 한다고 생각했다.

호암은 일본에 갈 때마다 머물던 오쿠라호텔의 노다野田 회장에게 도움을 청했다. 오쿠라는 시설과 서비스가 세계 초일류급인 훌륭한 호텔이었다. 호암은 오쿠라호텔에 묵을 때면 서구의 기능성과 일본의 정서가 교묘하게 조화를 이루고 있는 곳이라는 느낌을 받곤 했었다. 특히 헤이안 시대의 문화를 재현했다고 하는 로비에 들어서면 '일본의 얼굴'을 느낄 수 있었다.

노다 회장은 호암에게 "그동안 한국의 여러 호텔이 제휴하자는 제의를 해왔으나 모두 거절했다. 하지만 삼성그룹 회장이 직접 찾아온 만큼 한국에 들어가 호텔이 필요한지, 삼성의 신용도는 어떤지 등을 조사하고 나서 결정하겠다."고 말했다.

호암은 그의 뜻을 존중했다. 호텔을 경영하는 데 필요한 노하우는 1400종에 이른다고 한다. 집기나 음식 나르는 법에도 노하우가 있다는 것이다. 상대방에 대한 믿음이 없으면 그 많은 노하우를 전하기 어렵다는 것은 분명한 사실이었다.

노다 회장은 며칠 후 한국에 들어와 이것저것 꼼꼼히 조사한 끝에 호암이 내미는 손을 잡았다. 그는 활짝 웃으며 호암과 같이 일을 하게 되어 기쁘다고 말했다. 기분 좋은 웃음이었다.

이제 남은 것은 자본금 문제를 어떻게 해결하느냐는 것이었다. 호암은 미쓰이물산 측에 호텔을 짓는 데 들어가는 돈 1200만 달러 중 600만 달러를 내달라고 제의했다. 미쓰이물산은 호암의 제의를 흔쾌히 받아들였다. 하지만 몇 달 동안 이 핑계 저 핑계를 대면서 돈을 대지 않다가 함께 일할 회사를 JAL로 바꿔달라는 엉뚱한 요구를 했다.

호암은 할 수 없이 닛쇼이와이日商岩井의 전무를 찾아가 일을 맡아 추진해 달라고 부탁했다. 전무는 난처하다는 듯 말했다.

"삼성은 회장 혼자 일을 결정할 수 있지만 우리는 회의를 거쳐야 합니다. 기다려주십시오."

답답한 노릇이었다. 호암은 그에게 물었다.

"나는 닛쇼이와이가 아니라 당신을 찾아온 것입니다. 그러니 당신이 모든 책임을 지고 일을 추진해야 하지 않겠습니까?"

"좋습니다. 그렇다면 맡겨주십시오."

그제야 전무는 고개를 끄덕거렸다. 이에 따라 닛쇼이와이가 200만 달러를 투자하는 동시에 모든 일을 책임지고 추진하기로 결정되었다. 하지만 그때 느닷없이 김대중 납치사건이 터져 호암은 일본에서 돈을 빌릴 수 없게 되었다.

호암은 부랴부랴 미국으로 발길을 돌려 자본금 문제를 해결하고 호텔 이름을 '신라'로 정한 후 1973년 말에 공사를 시작했다. 그러자 이번에는 제1차 오일쇼크가 터졌다. 어쩔 수 없는 일이었다. 호암은 공사 관계자들을 불러 일단 손을 놓으라고 지시했다.

한편 전자산업의 기초를 닦았다고 여긴 호암은 중공업 분야에 뛰어들 생각을 하고 있었다. 호암이 가장 먼저 손을 댄 것은 조선이었다. 호암은 1973년 5월 일본의 대표적인 조선회사 IHI이시가와지마하리마중공업의 다구치田口 회장을 찾아가 만났다. 다구치 회장은 기꺼이 호암을 돕겠다고 말했다.

"그동안 한국은 물론 대만, 필리핀 등에서 30개 이상의 회사가 제휴하자고 찾아왔지만 거절했습니다. 선박은 아무나 할 수 있는 사업이 아니기 때문입니다. 하지만 삼성이 한다면 가능하다고 봅니다. 조선소 세울 곳을 보고 나서 결정합시다."

다음 날 한국에 돌아온 호암은 7월에 조선사업부를 만들었고, 경남 통영군統營郡 안정리安井里에 있는 150만 평의 땅을 사들인 후 다구치 회장에게 보여주었다. 다구치 회장도 만족한 듯 반반씩 돈을 대는 합작투자가 이루어졌다.

그러나 그 무렵 석유수출국들이 모여 있는 중동에서 또다시 큰 전쟁이 일어났다. 벌써 네 번째 전쟁이었다.

석유수출국기구OPEC에 속해 있는 이들 나라는 이스라엘과 친하게 지내는 국가에는 석유를 수출하지 못하도록 막았다. 이들은 1973년 10월과 12월 두 차례에 걸쳐 석유 가격을 4배나 올렸고, 이로 인한 오일쇼크가 전 세계 경제를 휩쓸었다.

하지만 면밀하게 검토하고 고민한 끝에 마음먹은 일이었다. 여기

▲ 삼성석유화학 울산 공장

▲ 삼성중공업 창원 제1공장

서 물러설 수는 없었다. 호암은 과감하게 밀어붙여 1974년 5월 정
부로부터 IHI와의 합작회사 설립허가를 받아냈고, 7월 10일에 삼
성석유화학공업을 설립했다. 이어 8월 5일에는 삼성중공업을 설립
하면서 먼저 경남 창원의 기계공업 단지 내에 있는 땅을 사들이라
고 지시했다.

　그러나 오일쇼크가 미친 영향은 너무나 컸다. 세계 조선업계에는
배를 만들어 보내달라는 주문이 뚝 끊겼고, 심지어는 계약금을 포
기하면서까지 주문을 취소하는 일도 잇달아 일어났다. 상황은 지극
히 좋지 않았다.

　호암은 2~3년 더 기다려보기로 했다. 일단 일을 시작하면 밀어붙
이는 용기가 필요하지만 안 될 것 같다는 판단이 서면 물러서는 용

기도 필요한 것이 바로 사업이었다.

그로부터 2년 후. 일본을 찾은 호암은 미쓰이물산 회장을 만나 투자 약속을 받아내고, IHI 회장과는 조선소 대신 중공업을 함께하기로 합의했다. 체증처럼 묵혀두었던 일을 끝내자 가슴이 후련해졌다. 호암은 홀가분한 기분으로 잠시 쉬려고 도쿄에 들렀다. 하지만 이상하게 입맛이 없었고, 속이 불편했다. 갑작스럽게 가슴이 아파올 때도 있었다.

호암은 내친김에 게이오慶應대학 부속병원을 찾아가 진찰을 받았다. 담당 의사는 위궤양 증세가 있는 것 같으니 위 사진을 찍어보자고 말했다. 호암은 순순히 의사의 말을 따랐다.

다음 날 호암은 결과를 알아보기 위해 다시 병원을 찾았다. 담당 의사는 X레이사진과 진료기록카드를 보며 말했다.

"역시 위궤양이 맞습니다. 내일이라도 수술을 받으시는 게 어떻겠습니까? 빨리 손을 쓰는 것이 좋습니다."

"하지만 저는 곧 한국으로 돌아가야 합니다."

호암은 난처했다. 한국에 일이 산더미처럼 쌓여 있어 도저히 시간을 낼 수 없었던 것이다.

"어쩔 수 없군요. 서울에 가시면 가족들과 의논해서 결정된 사항을 알려주십시오."

호암은 의사가 건네주는 X레이사진을 받아들고 곧바로 서울로 돌아왔다.

그날 밤 호암은 의사인 사위와 맏조카를 불러 X레이사진을 보여주었다.

"위궤양이 어느 정도 진행됐는지는 모르겠지만 크게 아프지는 않구나. 약물치료나 받았으면 좋겠어."

사위와 맏조카는 한참 동안 X레이사진을 들여다보더니 무겁게 입을 열었다.

"저희들이 상의하고 난 후에 말씀드리겠습니다."

호암은 그들의 심각한 말투가 마음에 걸렸다. 뭔가 심상치 않다는 느낌이 들었던 것이다. 아니나 다를까. 그들은 며칠 후 호암에게 아무래도 수술을 받는 것이 좋겠다고 말했다. 유능한 전문의들의 의견도 그렇고, 가족들도 같은 생각이라는 것이었다. 호암은 가족들의 표정이 침울한 것을 보고 자신의 병이 위궤양이 아니라는 사실을 알았다.

호암은 가족들을 한곳에 모아놓고 말했다.

"더 이상 속일 것 없다. 인간은 누구나 죽는다. 고칠 수 없는 병이라면 죽음을 받아들여야 하지 않겠느냐."

어두운 침묵이 흘렀다. 호암은 그들을 쳐다보며 태연하게 말을 이었다.

"만약 암이라면 현대의학으로도 아직은 고치지 못하는 병 아니냐? 숨기려고만 하지 말고 사실을 말해 다오. 무슨 말을 들어도 흔들리지 않을 것이다."

그러자 가족들은 힘겹게 입을 열었다.

"아직 단정할 수는 없지만 암일 가능성도 있습니다."

더 들을 필요가 없었다. 호암의 예감은 정확했다. 그의 몸속에 들어와 있는 병은 바로 위암이었다.

참으로 묘한 일이었다. 10년 전인 1966년 4월 호암은 직접 대한 암협회를 설립하고 회장직을 맡았었다. 그리고 암을 없애기 위해 캠페인을 벌이는 등 많은 일을 했었다.

그런 내가 암에 걸리다니.

그날, 호암은 밤늦게까지 잠을 이루지 못했다. 가족들이 보는 앞에서는 태연한 척했지만 마음속은 어수선하기만 했다.

호암은 며칠이 지난 후에야 비로소 마음의 평온을 되찾았을 수 있었다. 사람 목숨은 하늘에 달린 것. 지금 시점에서 최선의 선택은 수술을 받는 것이다. 많은 전문가들이 초기 위암은 수술을 하면 깨끗이 없앨 수 있다고 하지 않는가.

호암은 수술을 받기 위해 도쿄에 있는 암연구소 부속병원에 입원했다. 사위와 맏조카가 "위암은 전 세계에서 일본 사람이 가장 많이 앓고 있는 병이고, 그에 대한 치료도 세계에서 가장 앞서 있다."며 권한 병원이었다. 더군다나 병원 원장인 가지타니梶谷 박사는 소화기계통 암의 세계적인 권위자였다. 여러 모로 믿을 만했다.

드디어 수술 날짜가 다가왔다. 병실 침대에 누워 있던 호암은 수

술복으로 갈아입고 수술대에 올랐다. 1976년 9월 13일의 일이었다. 절망이란 호암사전에는 없는 단어였다.

호암이 마취 상태에서 깨어나자 수술을 맡았던 가지타니 박사가 찾아와 말했다.

"다행히 위암 초기여서 완벽하게 수술을 할 수 있었습니다. 담배만 끊으시면 앞으로 20년은 너끈히 더 사실 수 있습니다."

가지타니 박사는 그때까지 1만 번에 달하는 수술을 했는데 그중에서 반은 자신이 메스를 쥐었다고 했다. 호암보다 한 살 많은 그는 백발이 성성한 믿음직한 의사였다. 호암은 그의 충고를 받아들여 40년 동안 즐겼던 담배를 끊었다.

"본인이 암에 걸렸다는 사실을 알고 수술을 받는 사람은 100명 중에서 5명밖에 안 됩니다. 선생님은 그 몇 안 되는 5명 중의 한 분이신데 참으로 평온한 표정으로 수술대에 오르시더군요. 지금도 여전히 평온한 표정이시니 삶과 죽음에 대한 생각이 뚜렷하신 분 같습니다."

수술 후 회진 의사가 호암에게 한 말이다. 호암은 그렇지도 않다고 웃으며 대답했다.

사실 암이라는 말을 들었을 때는 '죽음을 맞기에는 너무 이르다. 10년만 더 살 수 있었으면 좋겠다.'고 생각했다. 그러나 차츰 '사람 목숨은 하늘에 달린 것. 남들보다 조금 일찍 세상을 뜨는 것일 뿐'이라는 생각이 들었다.

그동안 하고 싶고, 해야 한다고 마음먹었던 사업에는 거의 모두 손을 댔고, 또 성공을 했던 호암이었다. 사업을 통해 나라와 사회를 발전시켰던 것도 사실이었다. 그 이상을 바란다는 건 지나친 욕심일지도 모른다는 자각이 호암의 마음을 편하게 한 것인지도 몰랐다.

끊임없이 자신을 계발하라

모든 사람들은 공부하고 발전하는 것이 인간으로서 당연한 길이다. 그런데 이런 자기발전을 하지 않고 게으름을 피우는 것은 스스로 자신과 남까지 파멸시키는 인간 이하의 행위이다.

– 1984. 10. 19. 용인자연농원에서

제2의 삶을
시작하다

호암은 위암 수술을 받은 후 마치 새 생명을 얻은 듯 열정적으로 일을 했다. 실제로 삼성그룹은 1970년에서 80년에 이르는 10년 동안 자산은 연평균 41%, 매출은 48%, 직원은 50%가 늘어나는 놀라운 성장세를 보였다.

삼성중공업을 세워 중공업 분야에 진출한 호암은 수입에 의존하고 있는 주요 기계제품을 빨리 국산화하고 해외에 수출하는 것이 무엇보다 시급한 일이라고 판단했다. 하지만 한국의 기계산업은 이제 막 걸음마를 시작한 아이나 마찬가지여서 대규모 기계공장을 세우기에는 아직 일렀다.

호암은 공장을 두 단계로 나누어 짓겠다는 계획을 세우고 1976년 10월부터 1978년 6월까지 약 400억 원을 들여 15만 평의 땅에 1만 6000평짜리 제1공장을 지었다. 주로 운송용 기계, 대형 보일

▲ 삼성중공업 거제조선소

러, 레미콘, 크레인 다리 등을 생산하는 공장이었다. 1000억 원이 들어간 제2공장은 그로부터 8년이 지난 1986년에 완공되었다.

호암은 1977년 2월 14일 삼성종합건설을 설립하고, 이어 4월 22일에는 우진조선을 인수해 삼성조선을 설립했다. 사실 호암은 우진조선을 인수할 마음이 전혀 없었다. 1974년 3월에 설립된 우진조선은 그해 12월부터 조선소를 짓기 시작했지만 자금 문제로 공사를 반 정도밖에 하지 못한 상태였다. 더군다나 규모도 76만 평에 지나지 않았다. 호암이 IHI와 손잡고 지으려던 조선소가 150만 평이었다. 호암은 우진조선이 탐탁지 않았지만 정부가 사정사정하는 바람에 어쩔 수 없이 조선소를 넘겨받았다. 이것이 바로 삼성중공업 거

▲ 삼성정밀 창원 제1공장

제조선소다. 그리고 규모는 100만 평으로 늘어났다.

　호암은 1977년 8월에는 방위산업을 맡을 삼성정밀공업을 설립했다. 호암이 방위산업에 뛰어들어야겠다고 마음먹은 것은 2년 전인 1975년 4월이었다. 그때 호암은 도쿄에서 사이공현 호치민이 무너지고 베트남이 공산화되었다는 소식을 들었다. 텔레비전 화면은 그 참혹한 현장을 생생하게 보여주었다. 6·25전쟁을 온몸으로 겪은 호암은 큰 충격을 받았다. 비록 미국이 우리나라를 도와주고 있지만 우리에게 힘이 없으면 아무 소용이 없는 일이었다. 베트남이 그 사실을 잘 보여주고 있지 않은가. 우리 스스로 북한보다 한 단계 높은 국방력을 갖추고 있어야 한다.

▲ 삼성항공의 최신예 전투기엔진 생산 공정

호암은 곧바로 도쿄에서 일본의 군수공장들을 조사했다. 그 결과 우리도 기술만 들여온다면 항공기까지 만들어낼 수 있다는 자신감을 얻었다. 호암이 특히 관심을 가졌던 것은 원자력 분야였다. 우리나라도 언젠가는 핵무기를 만들 수 있을 것이었다. 그 외에도 원자력은 이용가치가 많아 꼭 해보고 싶었다.

호암은 구체적으로 핵연료 재처리공장을 설립하려는 계획까지 세웠다. 하지만 여러 나라의 이해관계가 복잡하게 얽혀 있고, 한국도 외교상 받아들일 수 없는 입장이어서 6개월 만에 포기하고 말았다. 다만 항공기산업은 삼성정밀공업을 세우면서 시작할 수 있었다.

삼성정밀공업은 미국의 GE와 프래트피튼사의 기술을 받아들여 제트엔진 등을 생산하게 되었고, 일본 미놀타와 손을 잡고 삼성미

놀타 카메라를, 일본 세이코와 합작하여 삼성세이코 시계를, GE와 합작하여 의료기기 등을 생산하게 되었다.

호암은 1978년을 중화학에 대한 투자를 마무리하는 해로 정하고 삼성 총자산의 5분의 1에 달하는 1760억 원을 쏟아 붓기로 했다. 호암은 먼저 4월 26일 중화학공업의 밑바탕이 될 코리아엔지니어링을 넘겨받았다. 중화학공업을 발전시키라는 박정희 대통령의 지시로 1970년 1월 미국의 럼머스Lummus사와 반반씩 투자해 만든 코리아엔지니어링은 한국에서 가장 역사가 길고 실적도 제일 많은 플랜트생산 시설이나 공장 설비 전문회사였다. 이로써 삼성은 각종 플랜트 해외수출에 적극적으로 참여할 수 있게 되었다.

호암은 또한 8월 20일에는 해외건설의 디딤돌을 마련하기 위해 신원개발도 넘겨받았다. 신원개발은 이란·이라크·리비아 등지에 나가 있는 건설업체였다.

시간은 빠르게 흘러 1979년, 호암의 나이 어느덧 일흔이 되었다. 호암은 자신의 뒤를 이어 삼성을 맡을 사람을 정해야 할 때가 왔다는 것을 알았다. 호암은 2월 12일 밤, 칠순을 맞이해 호텔신라에서 축하 연회를 가졌다. 호암은 이날 연회에 평소 가깝게 지내는 친구 몇 사람만 초대했는데 그 외에는 삼성 창업공신을 비롯한 200여 명의 임원만이 부부동반으로 참석했다. 재벌의 칠순잔치라고 하기에는 초라할 정도로 조촐한 연회였다.

호암은 5일 후인 2월 17일 삼성물산 정기 주주총회에서 그룹 부

회장 제도를 새로 만들고 셋째 아들 이건희李健熙를 부회장으로 임명했다. 이는 이건희가 1978년 8월 해외사업 추진위원회 위원장을 맡을 때부터 이미 예견되어 온 일이었다. 해외사업 추진위원회는 해외건설, 플랜트 수출, 합작 등을 효율적으로 추진하기 위해 만들어진 것으로 위원은 삼성물산·삼성중공업·대성중공업·종합건설·조선·신원개발 등 6개 회사 사장과 비서실장, 기획조정실장 등으로 구성되었다.

이건희는 그동안 영국 런던에 해외 전진기지를 설치하고 현지에서 해외사업을 발 빠르게 이끌어나갔다. 그 결과 제자리걸음만 되풀이하던 삼성중화학공업이 세계무대로 나아갈 수 있게 되었다. 이건희는 또한 중화학 분야 인력의 기술력을 높이기 위해 비상교육계획을 세우고 강력하게 실시했다.

▲ 해외사업 추진을 위한 임원회의(1978년)

하지만 이건희의 능력이 아무리 뛰어나다 해도 사람 됨됨이가 남을 다스리기에 알맞지 않다는 판단이 섰다면 호암은 그를 후계자로 삼지 않았을 것이다. 호암은 그동안 이건희의 움직임을 유심히 지켜보았다.

이건희는 자리에 앉아서 나이 많은 사장들을 불러대는 일이 없었다. 모르는 것이 있으면 망설이지 않고 아무에게나 물어보았다. 맡은 일에 문제가 생기면 밤을 새워서라도 해결하려고 노력했다. 호암이 보기에는 능력과 자세, 그 어느 것 하나 흠잡을 곳이 없었다.

따라서 호암이 이건희를 해외사업 추진위원회 위원장에 임명한 것은 후계자 자리를 물려주려는 일종의 포석이었다. 물론 이건희가 일을 잘 처리하지 못했다면 후계자 자리는 물 건너갔을 것이다.

한편 호암은 지지부진하던 호텔신라 공사도 빠르게 추진했고, 마침내 1979년 3월 8일 '한국의 얼굴' 호텔신라가 우아한 자태를 선보였다. 33층의 호텔신라는 700여 개의 객실과 동양·서양·한국식으로 꾸며진 식당, 영어를 비롯해 6개 나라의 언어를 동시에 통역할 수 있고 1000명이 넘는 사람을 수용할 수 있는 국제회의실 등을 갖추고 있었다.

그해 4월 미국의 베슨대학Babson college 소렌슨 총장이 호암에게 최고경영자상을 수여했다. 베슨대학은 하버드대학교 비즈니스 스쿨과 어깨를 나란히 하는 경영학의 명문이었다. 소렌슨 총장은 시상식장에서 다음과 같이 말했다.

"이병철 회장이 새로운 사업을 일으킨 것은 항상 그 사업의 시장성이 가장 낮은 수준에 있을 때였고, 지극히 곤란한 환경에 처해 있을 때였다. 그가 끊임없는 개척정신으로 이루어낸 여러 사업의 업적은 사회에 대한 봉사, 바로 그것이었다."

베슨대학이 '탁월한 경영으로 세계 경제 발전에 공헌한 인물'에게 주는 최고경영자상은 동양인으로서는 호암이 두 번째로 받는 것이었다. 호암은 영광스러운 일이라고 생각했지만 형편이 여의치 않아 수상식에는 참석하지 못했다. 상은 호암을 대신해 이건희가 받았다.

기업가야말로 오늘날의 영웅이다

기업은 나라를 뒷받침하고 고용확대와 납세활동을 통해 나라 발전에 기여하고 있다. 레이건 미 대통령은 취임사에서 "기업가들이야말로 새로운 일자리와 부(富), 그리고 기회를 창조해 내는 오늘날의 영웅들"이라고 하면서 기업가들의 역할을 찬양한 바 있다.

– 1985. 4. 22. KBS 방송대담에서

한국은 지금
어떻게 하고 있습니까?

호암은 전자산업을 시작할 때부터 반도체에 관심을 가지고 있었다. 1977년에 한국반도체를 인수한 것도 언젠가는 반도체사업을 해야겠다고 생각했기 때문이었다. 하지만 정확한 판단이 서지 않아 결정을 내리지 못하고 있었다.

그 후 2년이 지난 1979년 10월 26일, 한국은 큰 충격과 불안에 휩싸였다. 박정희 대통령이 중앙정보부 부장 김재규金載圭의 총에 맞아 숨지는 사건이 일어났던 것이다.

이어 12·12사태가 터지고 이듬해 5월에는 광주민주화운동이 벌어지는 등 나라는 걷잡을 수 없는 혼란의 늪으로 빠져 들어갔다. 모든 경제 활동은 마비되다시피 했고, 숨 막힐 듯한 공포가 대학가에 유령처럼 떠돌았다.

마침내 1980년 8월 27일 임시로 대통령직을 맡고 있던 최규하崔

圭夏가 물러나고 전두환金斗煥이 제11대 대통령이 되었다. 두 번째 불어 닥친 오일쇼크1978~1980년로 휘청거리고 있던 우리나라는 박 대통령의 죽음으로 완전히 그로기 상태가 되고 말았다. 16년 동안 계속 성장했던 한국 경제는 1980년에 처음으로 뒷걸음질 쳤다.

그 무렵 이나바稻葉秀三 박사가 호암을 찾아왔다. 호암은 반갑게 그를 맞이했다. 그는 일본 역사상 가장 유능한 총리로 꼽히는 요시다 시게루吉田茂 밑에서 경제정책을 계획했던 경제 전문가였다.

이나바 박사는 호암과 함께 차를 마시며 일본의 경제정책에 대해 자세히 설명해 주었다.

"제철, 조선, 석유화학, 알루미늄, 시멘트 등 일본의 기간산업은 그동안 치열한 경쟁을 통해 기술력과 품질을 끌어올렸습니다. 하지만 지나치게 경쟁을 하고 제품을 마구 만들어내는 바람에 문을 닫는 회사들이 늘어났고, 그로 인한 부담은 고스란히 나라와 국민이 지게 되었습니다. 또한 덤핑 수출로 이익도 얻지 못하고 여러 나라의 미움과 원성을 사게 되었지요. 일본은 부존자원이 없기 때문에 원료를 들여와서 제품을 만들어 팔아야 합니다. 그런 일본이 여러 나라를 적으로 만들면 살아갈 길이 없습니다."

"그렇다면 일본이 살 수 있는 길은 무엇입니까?"

"일본은 1973년 제2차 오일쇼크가 터지자 정책을 바꿔 기간산업의 생산 규모를 대폭 줄이고 반도체, 컴퓨터, 신소재, 유전공학, 광통신 등 부가가치가 높은 첨단기술 분야에 중점을 두었습니다. 그 결과 수출이 획기적으로 늘면서 벌어들이는 외화도 급격히 늘어났습니다. 일본이 살 수 있는 길은 경박단소의 첨단기술산업을 키우는 것밖에 없습니다."

이나바 박사는 말을 마치고 잠시 호암을 쳐다보더니 물었다.

"그런데 한국은 지금 어떻게 하고 있습니까?"

"…."

호암은 선뜻 입을 열지 못했다. 이나바 박사는 그 질문을 숙제처럼 남겨놓고 일어섰다. 호암은 그를 배웅하고 돌아와 깊은 생각에 잠겼다.

'한국도 일본과 마찬가지로 자원이 없다. 우리가 살길은 오직 수출을 많이 하는 것뿐이다. 이제는 첨단기술산업을 키워야 한다.'

호암이 생각하는 첨단기술산업이란 바로 반도체였다.

호암은 사업을 선택할 때 그 기준이 명확했다. 첫째는 국가적으로 필요한 것인가, 둘째는 국민에게 도움이 되는 것인가, 셋째는 세계시장에서 경쟁할 수 있는가, 였다. 호암은 이 세 가지 기준에 견주어 볼 때 현 단계의 국가적 과제는 '산업의 쌀'이며 '21세기를 이끌어갈 산업 혁신의 핵심'인 반도체를 개발하는 것이라고 판단했다.

그러나 워낙 세밀한 산업이어서 기술 수준이 상상을 할 수 없을 정도로 높고, 엄청난 돈을 투자해야 한다는 문제가 있었다. 기술 개발 속도가 매우 빨라 제품의 사이클이 짧은 것도 문제였다.

호암은 고민에 빠졌다.

▲ 셋째 아들 이건희가 보는 앞에서 기업제민(企業濟民), 즉 기업을 일으켜 국민들을 잘살게 하겠다는
뜻을 써내려가는 호암

　고급 두뇌와 기술 인력은 어디서 데려올 것인가? 데려오지 못하
면 어떻게 훈련시켜야 하는가? 공장을 지을 땅을 어디서 찾을 것이
며, 어떻게 지어야 하는가? 공장을 짓는 데 필요한 설비와 전문 전
설 기술자들은 또 어디서 구할 것인가? 과연 미국과 일본이 버티고
있는 세계시장에서 경쟁할 수 있을까?

　생각하면 할수록 문제는 한두 가지가 아니었다. 하지만 누군가는
이 문제들을 해결해야만 했다. 호암은 새삼 자신의 나이를 떠올렸
다. 일흔하나. 손자들의 재롱이나 보면서 서서히 삶을 마무리해야

할 나이였다. 그러나 호암은 나라의 앞날을 위해 다시 한 번 일어서기로 마음먹었다. 반도체 분야에 도전하겠다는 결의를 굳힌 것이다.

1981년 2월에는 제5공화국의 새 헌법에 따라 전두환이 다시 제12대 대통령으로 취임했다. 정부는 그해 8월 어려움을 겪고 있는 경제 문제를 해결하기 위해 일본에 60억 달러를 빌려달라고 요구했다. 하지만 일본은 터무니없는 금액이라며 일언지하에 거절했다.

호암은 전국경제인연합회 회장 정주영鄭周永, 대한상의 회장 정수창鄭壽昌, 무역협회 회장 유창순劉彰順 등을 찾아다니며 힘을 모으자고 부탁했다. 나라가 어려움에 처할 때면 언제든 앞장서서 뚫고 나갈 각오가 되어 있는 호암이었다. 호암은 9월에 일본의 경제 주간지인 「다이아몬드」와의 기자회견에서 "일본은 한국의 경제가 발전할 수 있도록 도울 책임이 있다. 한국이 60억 달러를 빌려달라고 요구한 것은 터무니없는 일이 아니다."라고 강조했다.

호암은 기자가 "한·미·일 3국의 관계가 새로운 변화를 보이고 있다. 그 점을 어떻게 생각하느냐?"고 묻자 서슴없이 대답했다.

"미국은 한국 전쟁과 베트남 전쟁으로 많은 희생을 치렀다. 그럼에도 많은 돈과 병력을 한국과 일본, 유럽 등 여러 나라의 국방을 지키기 위해 보내고 있다. 궁극적으로는 자국을 보호하기 위해서겠지만 넓게 보면 전 세계의 자유를 지키기 위한 것이다. 그러나 일본은 어떤가? 이제 일본의 1인당 GNP가 미국의 80%를 넘는다. 생활이 아주 넉넉하다. 그런데도 여전히 나라 지키는 일을 다른 국가에 맡기고 있다. 반면에 한국의 1인당 GNP는 일본의 25분의 1, 인구는 3500만 명에 불과하지만 나라 예산의 30%, GNP의 6%를 나라 지키는 데 쓰고 있다. 북한만 없으면 이럴 일이 없었을 것이고 경제적으로 어려움을 겪을 이유도 없다. 우리나라가 남과 북으로 갈라진 근본 원인은, 거슬러 올라가면 일본이 강제로 우리나라를 차지했었기 때문이다. 독일은 전쟁에 져서 둘로 갈라졌지만 일본은 멀쩡하다. 그 대신 한국이 희생된 것이다. 앞으로 한국에 다시 전쟁이 일어나면 일본은 물론 동북아시아와 세계도 어려워질 것이다."

"일본은 경제 협력을 군사 문제와 연결시키는 것에 불만이 있는 것 같다."

기자가 말했다. 호암은 기자의 눈을 똑바로 쳐다보며 입을 열었다.

"국가 안보와 연관 짓는 것이 싫으면 순수하게 경제 협력만 생각하면 된다. 자유무역이란 서로의 이익을 존중하는 것이다. 팔리니까 팔고, 살 수 없으니까 안 산다고 하는 자기 편의적인 것이 아니다. 프랑스의 미테랑 대통령이 일본이 자국 시장을 3% 이상 차지할 수 없도록 한 것도 그 때문이다. 전 세계가 프랑스처럼 일본 상품의 수입을 제한한다면 그 결과가 어떻게 될 것인가? 전쟁이란 감정보다는 경제 문제가 발단이 되어 일어나는 경우가 많다. 한국은 일본 제품을 많이 수입하는 나라다. 돈을 빌려준다고 해도 80%는 일본 제품을 사는 데 들어갈 것이다. 또한 일본에서 돈을 빌려 만든 한국

제품이 일본시장에 들어간다고 해서 무엇이 나쁘다는 말인가? 이것이야말로 올바른 경제 교류 아닌가?"

　호암의 지적은 매우 정확하고 매서웠다. 이처럼 호암이 정곡을 찔러 일본인들의 숨통을 조인 것은 개인을 위해서가 아니라 나라를 위해서였다. 실제로 「다이아몬드」지에 실린 호암의 기자회견 내용은 일본 정부는 물론 일반 국민들 사이에서도 큰 반향을 불러일으켰고, 마침내 일본 경제계는 그동안 모른 척했던 차관 문제를 적극 검토하기에 이르렀다.

남을 살려야 자기도 산다

　한 나라가 자기 혼자서만 영원히 번영을 누릴 수 있다고 생각한다면 그것은 큰 오산이다. '남을 살려야 자기도 비로소 살 수 있다.'는 것은 역사 이래의 철칙이다. 한국과 일본은 각기 서로가 얼마나 중요한 존재인가 하는 점을 똑똑히 인식해야 한다.

　　　　　　　　　　　　　　　　　－ 1984. 8. 26. 일본 요미우리신문 기고문에서

위험한
선택

1982년은 호암에게는 영광의 해였다. 본격적으로 해외사업에 뛰어들기 위한 준비를 하며 바쁘게 지내던 호암은 그해 3월 11일 미국으로 떠났다. 보스턴대학교에서 주는 명예 경영학 박사학위를 받기 위해서였다. 150년의 역사와 전통을 자랑하는 보스턴대학교는 3년 전부터 호암에게 학위를 주겠다고 제의해 왔지만 호암은 계속 사양했었다.

그러나 대학 측은 "국토가 좁고 자원마저 부족한 한국에서 수십 개의 회사를 세워 한국의 놀라운 경제 성장을 이끈 성과는 그 어떤 말로 칭찬해도 충분치 않다. 우리 대학의 모든 교수가 엄격하고 공정한 과정을 거쳐 뽑은 세계 여러 나라의 수상 후보자 중에서 귀하가 가장 적임자라고 결정했으니 받아들이기 바란다."며 간곡히 부탁했다. 호암은 올해는 미국과 수교를 맺은 지 100주년이 되는 특별한 해

이고, 더 이상 거절하기
도 미안해서 대학 측의
뜻을 받아들였다.

무려 18년 만의 미국
여행이었다. 호암이 외
국 자본을 끌어오기 위
해 처음 미국을 찾은 것
이 1961년이었고, 마지
막으로 들른 것이 1964

▲ 보스턴대학교 존 실버 총장으로부터 명예경영학 박사학위를 수여받는
호암(1982년 4월 2일)

년이었다. 호암은 사실 비행기 멀미를 심하게 해서 오랜 시간 비행
기를 탈 수가 없었다. 그것도 호암이 미국을 자주 찾지 않은 이유
중 하나였다.

호암은 18년 만에 미국을 다시 여행하면서 그동안 우리나라의 국
력이 눈부시게 성장했음을 실감할 수 있었다. 미국인들은 18년 전
과는 전혀 다른 태도로 호암을 맞이했던 것이다. 예를 들어 보스턴
대학교는 명예학위 수여식이 열린 4월 2일을 '이병철의 날B·C·Lee
Day'로 정하고 아침부터 저녁까지 기념행사를 진행했다.

보스턴대학교 존 실버 총장은 200명이 참석한 축하 오찬회에서
레이건 미국 대통령을 비롯해 에드워드 킹 매사추세츠 주 주지사와
빈 화이트 보스턴 시장, 케네디 상원위원 등 많은 인사의 축전을 소
개했다. 그러는 동안 식장에는 박수 소리가 그치지 않았다.

▲ 보스턴대학교에서 학위 수락 연설을 하는 호암

　수여식에서 애국가가 연주될 때와 호암이 학위 수락 연설을 마칠 때에는 참석한 사람 모두가 일제히 일어서서 박수를 보냈다. 호암은 가슴이 뭉클해지는 감동을 느꼈다. 한국의 경제 발전과 그에 따른 삼성의 성장이 이제야 미국 정부와 국민들에게 인정을 받게 되었다는 생각이 들었던 것이다.

　호암의 학위 수여식에 대해서는 현지 신문들도 크게 보도했다. 특히 미국의 최고 유력지 중 하나인 「워싱턴포스트」지는 '한국의 록펠러 미국을 방문하다'라는 제목으로 회견 내용까지 실었다.

　호암은 미국에 머무는 동안 아메리카은행의 사무엘 아마스코트

총재, 시티은행의 월터 리스튼 회장 등을 비롯해 ITT와 코닝, 아모코Amoco, GE, 인터내셔널 하베스터 등 미국을 대표하는 기업의 최고경영자들을 만나 폭넓은 대화를 나누었고, 휴렛팩커드의 컴퓨터 반도체공장, 반도체산업의 요람인 캘리포니아 주의 실리콘밸리, IBM의 완전 자동화된 반도체공장 등을 둘러보았다.

호암은 휴렛팩커드의 사무실을 보고는 깜짝 놀랐다. 회사의 관리자들이 책상 위에 놓인 컴퓨터 하나로 계산부터 기획, 심지어는 편지 쓰는 일까지 거의 모든 일을 다 하는 것이었다. 그때 호암은 우리나라가 잘살려면 하루빨리 컴퓨터와 반도체산업을 발전시켜야 한다는 것을 확신했다. 그것은 또한 삼성이 앞으로 나아가야 할 방향이기도 했다.

약 3주간의 미국 여행을 마치고 한국에 돌아온 호암은 그해 10월 회사 내에 반도체·컴퓨터사업팀을 만들었다. 호암은 반도체·컴퓨터사업팀 사원들에게 지금까지 개발된 제품의 성능과 원가, 가격, 시장의 움직임 등을 조사하고 반도체와 컴퓨터사업의 단기간, 장기간 계획을 세우라고 지시했다. 호암은 매일 팀원들이 작성해 올리는 보고서를 검토했다. 당시 팀장을 맡은 사람은 삼성전자 김광호金光浩 상무였다.

호암은 팀원들이 만든 보고서를 들고 1983년 2월 일본으로 건너가 산켄전기産研電氣의 오타니 다이묘大谷大命 회장을 찾아갔다. 오타니 회장은 반도체라는 번역어를 처음 만들어낸 일본 반도체 연구의

▲ 「워싱턴포스트」지를 방문하여 캐더린 그레이엄 회장과 대화를 나누는 호암(1982년 3월 26일)

▲ 미국 휴렛팩커드 휴렛 회장과 패커드 회장과 함께

▲ 미국 시티은행의 월터 리스튼 회장과 함께

1인자였다.

호암은 그에게 반도체 종류가 몇 가지냐고 물었다.

"이 회장님, 저는 평생 반도체를 연구해 왔지만 아직도 반도체를 다 알고 있다고 할 수 없습니다. 그러니 반도체는 젊은 사람들에게 맡기십시오."

오타니 회장의 대답이었다. 하지만 호암에게는 그럴 마음이 전혀 없었다.

호암은 도쿄에서 수많은 반도체 전문가와 사업가들을 만났다. 그들은 대부분 반도체사업은 실패할 것이 뻔하다며 지금 손을 떼지 않으면 후회하게 될 거라고 경고했다. 당시 반도체는 생산 원가에도 못 미치는 선에서 거래가 이루어지고 있었기 때문에 그들도 창고에 쌓여 있는 물건을 어떻게 처리해야 좋을지 몰라 골머리를 앓고 있었던 것이다.

삼성 임원들의 반대도 여전했다. 그러나 호암은 뜻을 굽히지 않았다. 호암은 임원들이 위험한 선택이라며 반대할 때마다 강하게 말했다.

"사업에는 항상 위험이 따릅니다. 그 위험을 이겨내야만 삼성의 미래가 열립니다."

호암의 판단에 공감하고 반도체·컴퓨터사업에 열의를 보이는 것은 이건희뿐이었다.

돈만 벌려고 반도체를 한 것이 아니다

삼성도 돈벌이를 하려면 반도체 말고도 많다. 왜 이렇게 고생하고 애쓰는가. 반도체는 국가적 사업이고 미래 산업의 총아이기 때문이다.

– 1982. 11. 1. 반도체회의에서

누가 뭐래도
반도체 사업을 할 것이다

1983년 2월 6일 밤, 오쿠라호텔에 머물고 있던 호암은 피곤에 젖은 눈을 들어 창밖을 내다보았다. 벌써 며칠째인지 몰랐다. 호암은 삼성 반도체·컴퓨터사업팀의 보고서와 그동안 만났던 미국과 일본의 전문가들의 의견을 되새기며 곰곰이 생각하고 또 생각했다.

밤이 지나고, 새벽이 지나고, 아침이 밝아왔다. 오전 6시 30분. 호암은 마침내 결단을 내리고 수화기를 집어 들었다. 중앙일보 홍진기 회장에게 전화를 걸려는 것이었다.

같은 시간. 삼성전자 강진구姜晉求 사장과 이야기를 나누고 있던 홍진기 회장 방에 전화벨 소리가 울려 퍼졌다. 홍 회장과 강 사장은 직감적으로 전화를 건 사람이 호암임을 알았다.

"홍 회장, 나 호암입니다!"

호암의 목소리가 수화기를 타고 흘러나왔다.

"아, 네 회장님."

홍진기 회장은 조심스럽게 입을 열었다.

"홍 회장, 누가 뭐래도 삼성은 반도체사업을 할 것이오. 이 사실을 3월 15일자 중앙일보에 발표하여 대내외에 공식적으로 알려주시오."

"네, 잘 알겠습니다."

전화를 끊은 홍 회장은 강진구 사장에게 호암과 통화한 내용을 들려주었다. 두 사람은 서로의 얼굴을 바라보며 고개를 끄덕였다. 그들은 호암이 오랜 숙고 끝에 반도체사업에 투자하기로 결정한 이상 일이 빠르게 진행될 거라는 사실을 알고 있었다.

그것은 호암에게도 쉬운 결정이 아니었다. 호암 역시 자신의 판단에 삼성의 미래가 달려 있다는 것을 너무나 잘 알고 있었다. 그러나 기술의 선진화를 통해 나라 살림을 풍요롭게 만들고, 잘사는 나라를 후손들에게 물려주기 위해서는 최첨단 반도체사업을 시작할 수밖에 없었다.

한국으로 돌아온 호암은 삼성전자 임직원들에게 VLSI공장을 6개월 안에 지으라고 지시했다. 호암이 외국에서는 18개월 걸려야 짓는 공장을 6개월 안에 완공하라고 한 데에는 이유가 있었다. 반도체는 제때 시장에 내보내지 않으면 제값을 받을 수 없기 때문이었다.

드디어 1983년 9월 12일, 경기도 기흥의 VLSI공장 제1라인이 세

▲ 삼성반도체통신 VLSI공장의 준공 테이프를 끊는 호암(1984년 5월 17일)

워지기 시작했다. 호암은 공장이 완공된 후 6개월 만에 반도체 64KD램을 생산해 낸다는 계획을 세웠다. 1년 안에 모든 것을 끝내기로 한 것이다.

64KD램은 새끼손가락 손톱 4분의 1 크기에 15만 개의 트랜지스터 등 부품을 심어 800만 개의 선으로 연결하는, 초정밀기술 제품이다. 머리카락 굵기의 50분의 1 정도의 선을 자유롭게 다루어야 하기 때문에 매우 높은 기술이 없으면 만들 수 없다. 간단히 설명하면 K란 킬로비트bit를 뜻하고, 1킬로가 1000이니 64KD램은 6만 4000비트를 기억할 수 있는 반도체로 8000개의 글자를 기억시킬 수 있다.

VLSI공장은 호암을 비롯한 관계자들이 거의 하루도 쉬지 않고 일한 덕분에 1984년 3월 말일에 완공될 수 있었다. 선진국에서도 18개월 이상 걸려야 끝낼 수 있는 공사를 6개월 18일 만에 마무리한 것이다.

당시 호암은 일주일이 멀다 하고 현장을 찾아 관계자들을 격려했다. 호암과 함께 식사를 하며 회의를 하곤 했던 관계자들은 긴장해서 밥을 제대로 먹지 못했다. 그러면 호암은 그들에게 자신의 음식을 나눠주며 "반도체 하느라 고생이 참 많다."고 위로해 주었다. 겉으로는 차가워보여도 마음속에는 아버지의 따뜻한 정을 지니고 있는 사람, 그가 바로 호암이었다.

한편 삼성반도체 기술진은 1983년 11월, 공장이 지어지고 있는 동안 미국 마이크론사로부터 기술을 들여와 세계에서 세 번째로 64KD램을 개발해 냈다. 덕분에 VLSI 제1라인은 준공과 동시에 64KD램을 생산해 낼 수 있게 되었다. 이는 참으로 놀라운 일이었다. 반도체시장에 먼저 뛰어든 일본 측은 "한국에서는 1986년까지도 제대로 된 제품이 나오기 어렵다."고 평가했었다. 하지만 삼성은 단 6개월 만에, 일본이 20년 걸려 해낸 일을 깔끔하게 끝내버린 것이다.

1984년 5월 17일에는 삼성반도체 기흥 공장이 완공되었다. 미국과 일본에 이어 전 세계에서 세 번째로 지어진 반도체 생산공장이었다. 5월 21일에는 준공식이 열렸는데 기흥 공장에서 생산된 64KD램은 4개월 만에 51%의 제품합격률을 이루었다. 51%면 미국과 일본에서도 대성공으로 평가하는 수치였다.

제품합격률은 6개월 후인 9월에는 일본의 일류업체와 어깨를 나란히 하는 75%로 올라섰고, 처음으로 미국 수출도 이루어졌다. 미

국 컴퓨터회사에 보낸 삼성 반도체가 엄격하고 까다로운 검사 과정
을 거쳐 당당히 합격 판정을 받았던 것이다.

하지만 좋은 일이 있으면 나쁜 일도 생긴다고 하던가. 64KD램을
수출한 미국 현지에서 문제가 생겼다. 미국의 마이크론사가 3달러
였던 64KD램 가격을 1달러 80센트로 크게 낮춰서 팔기 시작했던
것이다. 그러자 일본의 반도체업체들도 덩달아 값을 낮춰 반도체
가격은 30센트까지 떨어졌다. 이로 인해 삼성은 반도체사업을 시작
한 첫 해부터 엄청난 적자를 보았다. 그러나 이 정도에서 물러설 호
암이 아니었다. 호암은 원가에도 못 미치는 20센트에 팔라고 지시
했고, 삼성은 무려 1300억 원의 적자를 보게 되었다.

삼성 임직원들의 실망은 매우 컸다. 그들은 내심 자신의 말을 들

지 않았던 호암을 원망하기도 했다. 하지만 호암은 태연했다. 충분히 예측했던 어려움이었다. 반도체에 승부를 건 이상 밀어붙이는 방법밖에 없었다. 호암은 임직원들을 위로하면서 의욕을 잃지 말고 계속 앞으로 나아가라고 격려했다.

"반도체 종류는 수천 가지가 넘습니다. 우리는 그중에서 이익이 많이 나는 품목을 찾아야 합니다. 이윤이 적은 것은 적게 만들어내고, 많은 것은 많이 만들어내야 합니다. 그것이 바로 사업입니다."

호암도 속으로는 불안했지만 계속 공장을 지어나갔다. 다양한 반도체를 개발해 단시간 내에 반도체시장을 손에 넣는다는 것이 호암의 전략이었다.

삼성은 1984년 7월에 256KD램을 주로 생산하는 제2라인 공사에 들어가 불과 8개월 만인 1985년 3월 말에 끝냈다. 놀라운 속도였다. 삼성반도체 기술진들은 이보다 앞선 1984년 10월에 256KD램을 독자적으로 개발해 냈다. 이 소식을 들은 미국과 일본의 반도체 전문가들은 벌어진 입을 좀처럼 다물지 못했다. 머리카락 굵기의 80분 1밖에 되지 않는 선을 다루어야 하는 256KD램은 새끼손가락 손톱 2분의 1 크기의 칩 속에 60만 개의 트랜지스터 등 부품을 심는 것으로 64KD램보다 4배의 기억 용량을 가지고 있다. 즉, 그 조그만 칩 하나에 3만 2000개의 글자를 기억시킬 수 있는 것이다.

하지만 그 무렵 미국과 일본은 메가 시대로 들어가고 있어서 선진국과의 격차는 갈수록 벌어지고 있었다. 호암은 선진국을 따라잡

▲ 삼성반도체통신 구미 공장

기 위해서는 제품 개발 능력을 더욱 높여야 한다고 판단했다. 그는 1차로 500명, 2차로 2000명 정도의 연구 인력을 갖추어나가는 한편 1985년 3월에 부천 공장에 제1라인을 만들고, 5월에는 기흥 공장에 제2라인을 만들었다.

그러나 기술 개발만으로는 문제를 해결할 수 없었다. 일본과 미국은 정부가 나서서 필요한 돈과 기술 개발에 대한 지원을 아끼지 않아 빠르게 성장하고 있었던 것이다. 이에 반해 한국은 업체의 돈만으로 시설을 늘려나가고 있는 실정이었다.

삼성반도체는 1라인과 2라인을 가동하면서 3년 연거푸 수천 억원에 달하는 적자를 보았다. 그 폭이 너무 커서 삼성그룹 전체가 무너질 거라는 보고서가 올라올 정도였다. 그래도 호암은 1메가 D램을 주로 생산하는 제3라인을 짓기 시작했다. 더 좋은 품질의 제품을, 더 싸게, 남보다 앞서 만들어야 세계시장에서 살아남을 수 있기 때문이었다.

삼성은 1985년 10월에 제3라인을 완공해 생산을 시작했다. 1메가 D램은 미국과 일본 등 선진국에 비해 약간 늦게 시장에 선을 보였지만 그다지 큰 차이는 없었다. 호암은 이어 1987년 4월에는 미국 현지법인에 시제품라인을 만들었다. 국제경쟁력을 갖춘 제품을 만들어낼 때까지 죽을힘을 다해 밀어붙인 것이다. 덕분에 4메가 D램부터는 선진국들보다 먼저 생산해 낼 수 있게 되었다.

이후 삼성반도체는 IBM PC에 탑재되는 등 세계시장에서 승승장

▲ 삼성반도체통신 부천 공장의 광섬유공장

구, 오늘날 세계 최고의 반도체 생산기업이 되었다. 무에서 유를 일구어냈다는 평가를 받는 대한민국의 반도체 신화, 그 밑바탕에는 호암의 무서운 결단과 추진력이 있었던 것이다.

삼성보다 국가가 더 중요하다

삼성보다 국가가 더 중요하다. 국가가 부흥하면 산업은 저절로 잘될 수 있다고 생각한다. 해방 후 30여 개의 큰 회사가 망하지 않고 잘 있었다고 하면 우리나라는 더 잘되지 않았겠는가. 우리 회사 내용이라고 하더라도 국가의 발전을 위한 것이라면 무엇이라도 이야기해 주어야 한다.

– 1983. 12. 5. 비서실회의에서

사람이 기업을 만든다

　삼성이 반도체사업에 뛰어들어 성공을 거두자 LG·아남·현대 등
도 다투어 뛰어들었고, 우리나라는 미국·일본 등과 함께 반도체 선
진국으로 우뚝 서게 되었다. 삼성그룹 내에서도 많은 반대가 있었
던 사업이었다. 세상 사람 그 누구도 성공하리라는 생각은 하지 않
았다. 지독한 편견이었다.

　호암은 이 지독한 편견을 뚫고 당당히 도전했고, 마침내 성공을
거두었다. 이는 우리 민족의 자긍심을 높이고, 국민들에게 노력만
하면 얼마든지 선진국과 겨룰 수 있다는 자신감을 심어주는 쾌거
였다.

　호암은 80년대 초부터 한국의 기업들은 국제화·세계화에 대비해
야 한다고 힘주어 말했고, 적극적으로 국제화사업을 추진했다. 어
쩌면 그때 이미 호암은 무한경쟁의 시대가 오리라는 것을 예상하고

있었는지도 모른다.

호암이 평생 마음에 두고 실천한 세 가지 경영이념이 있다. 첫째는 사업보국이고, 둘째는 인재제일이며, 셋째는 합리추구다.

호암은 사업보국, 즉 '사업을 일으켜 나라에 보답하겠다.'는 자신과의 약속을 지키기 위해 부지런히 몸을 움직이며 참으로 열심히 살았다. 두 번이나 부정축재자로 몰려 잡혀가기도 했고, 밀수사건에 휘말려 온갖 모욕을 다 받았지만 호암은 끊임없이 회사를 키워 또 다른 회사를 차렸고, 해외시장에까지 진출했다.

호암은 회사가 많아질수록 집에서 노는 사람이 줄어들고, 회사가 잘돼 이익이 많이 날수록 나라에 세금을 많이 낼 수 있다고 생각했다. 그 세금으로 나라는 더욱더 튼튼해질 것이었다.

호암이 사업보국 다음으로 중요시한 것은 인재였다. 호암은 늘 "기업은 곧 사람이다. 사람이 기업을 만든다. 유능한 인재를 얼마나 많이 모으고 키워서 얼마만큼 효과적으로 활용하느냐에 기업의 성공과 실패가 달려 있다."고 말했다. 1980년 7월 3일 전경련회의에서는 "세상에는 돈이 돈을 번다는 말이 떠돌고 있지만 돈을 버는 것은 돈이나 권력이 아니라 사람이다. 나는 내 일생을 통해 80%는 인재를 모으고 키우는 데 시간을 보냈다."고 말하기도 했다.

호암이 우리나라 최초로 사원을 공개모집한 것도, 아무리 바쁜 일이 있어도 신입사원을 뽑는 날에는 어김없이 면접시험장에 모습을 나타낸 것도 바로 인재를 중요시했기 때문이다. 호암이 면접평가를 할 때 중점을 둔 것은 세 가지였다. 첫째는 몸이 건강한가, 둘째는 용모가 단정한가, 셋째는 대화를 활발하게 하는가였다. 호암은 오직 개인의 능력만을 보고 사원을 뽑았고, 그들의 능력을 끌어올리기 위해 끊임없이 사내교육을 실시했다.

호암이 생각하는 인재란 항상 문제의식을 가지고 끊임없이 새로운 아이디어를 만들어냄으로써 조직에 활기찬 기운을 불어넣는 사람, 급격히 변하는 환경 속에서 기업을 이끌어나갈 수 있는 적극적이고 실천력이 강한 사람, 건강하고 이치에 맞는 생각을 하며 모든 일을 빈틈없이 처리할 뿐만 아니라 남과 잘 어울리고 협조를 아끼지 않는 책임감 있는 사람이었다. 호암은 '삼성은 인재의 보고'라는 말을 들을 때 가장 흐뭇해했고 또 즐거워했다.

하지만 사업보국과 인재제일의 뜻이 아무리 귀하고 훌륭하다 해

▲ 신입사원들과 대화를 나누는 호암

도 이치에 맞지 않으면 아무런 의미가 없었다. 그래서 마지막으로 내세운 것이 합리추구, 즉 이치에 맞게 모든 일을 해나가자는 것이었다. 나라와 국민을 위한다는 명분을 앞세워 자기 마음대로 일을 처리하는 것도, 인재를 소중히 여긴다면서 몇 사람만 떠받들고 다른 사람들은 무시하는 것도 올바른 태도가 아니기 때문이다.

호암은 또한 어느 기업이든 최고경영자를 잘 두어야 회사가 커나갈 수 있다고 굳게 믿었다. 호암은 그룹 내 여러 회사의 최고경영자를 정할 때에는 반드시 다음과 같은 사항들을 따져보았다.

첫째, 인격적으로 모범을 보일 수 있는 인품을 갖추고 있는가.
둘째, 주도면밀한 계획성이 있는가.
셋째, 결단성 있는 대처 능력이 있는가.
넷째, 사람들을 이끌 수 있는 힘이 있는가.
다섯째, 판단력이 분명한가.
여섯째, 사람들에게 믿음을 주는 인물인가.
일곱째, 창조성이 풍부한가.
여덟째, 일을 밀고 나가는 힘이 있는가.
아홉째, 무슨 일이든 끝까지 책임질 줄 아는가.

이와 같은 조건을 만족시킨다면 호암은 서슴없이 그를 최고경영자로 임명했다. 회사를 이끌어나가고, 그 안에서 일어나는 모든 일에 대한 책임을 지는 사람이 바로 최고경영자이기 때문이다.

호암은 최고경영자들에게 이렇게 말하곤 했다.

"삼성은 우리나라 GNP의 5%를 차지하고 있는 기업이다. 따라서 삼성의 사장은 단순한 사장이 아니다. 이미 국가의 사장인 것이다. 국가의 사장이라고 생각하고 일하라."

백년지계는 사람을 심는 데 있다

동양의 격언 중에는 다음과 같은 것이 있다. 즉 1년의 계(計)는 곡물을 심는 데 있고, 10년의 계는 나무를 심는 데 있으며, 100년의 계는 사람을 심는 데 있다고 하는 것이다. 이것은 기업의 성패는 사람에게 달려 있으며, 우수한 인재야말로 기업의 번영을 좌우한다는 뜻이다.

– 1982. 4. 2. 보스턴대학교 명예박사학위 수여식 기념강연에서

한 걸음, 한 걸음이 모여 인생을 이룬다

1986년 5월, 마치 삶의 마지막 불꽃을 사르는 것처럼 반도체사업에 혼신의 힘을 쏟아 붓고 있던 호암은 감기 기운이 며칠째 계속되자 병원을 찾아갔다. 온몸에 퍼져 있는 미열 때문에 기분이 좋지 않았던 것이다. 호암은 진찰 결과 왼쪽 폐에 이상이 생겼음을 알게 되었다. 폐암이었다.

10년 전 위암에 걸렸을 때는 수술을 받고 건강을 되찾아 누구보다 열심히 살았던 호암이었다. 이번에도 악마와도 같은 암을 떨쳐버릴 수 있을 거라 믿었다. 하지만 이번에는 병의 뿌리가 깊은 모양이었다. 1년 이상 화학치료와 방사선치료가 반복되었다. 고통스러운 시간이었다. 그러나 호암은 그 지독한 고통에 무릎 꿇지 않았다. 언젠가는 반드시 일어설 거라는 희망의 끈을 단단히 움켜쥐고 당당하게 병과 싸워나갔다.

호암은 매일 오전 6시면 어김없이 일어나 냉온탕을 했고, 규칙적으로 골프를 하면서 체력을 관리했다. 또한 폐암에 대한 책들을 읽고, 전문가들의 의견을 체계적으로 분석하고 검토하며 질긴 병마와 맞서 싸웠다.

그 와중에서도 호암은 1987년 10월 17일에 열린 안국빌딩 준공식에 참석했다. 마지막 공식 행사 참석이었다. 이어 10월 20일에는 안양골프장을 찾아갔다. 낮부터 안개처럼 부슬부슬 내리고 있는 비도 그의 발길을 막지는 못했다. 하지만 골프를 하기에는 몸 상태가 너무 좋지 않았다.

호암은 직원들의 부축을 받으며 2층으로 올라갔다. 입 안이 소태를 씹은 듯 썼고 머리는 현기증이 일어나는 듯 어지러웠다. 호암은 창가에 앉아 시간이 어떻게, 어디로 흘러가는지도 모른 채 안양골프장의 잔디를 바라보았다. 힘없이 내리던 비가 그쳤고, 어느덧 골프장에 어둠이 밀려 들어왔다.

이제 곧 노을이 하늘을 붉게 물들일 것이고, 태양이 사라진 자리에 별이 뜰 것이다. 사람의 삶도 마찬가지다. 열심히 살다 세상을 떠나면 그 뒤를 누군가가 이어받을 것이다. 서러워할 이유도 없고, 미련을 가질 필요도 없다. 보보시도장步步時道場이란 말처럼 한 걸음 한 걸음이 모여 인생이 되는 것이다. 지금까지 최선을 다해 후회 없이 걸어온 인생이지 않은가.

호암은 손짓으로 직원을 불러 골프화를 가져오라고 일렀다. 근처에 있던 이강선李康宣 프로골퍼가 그 말을 듣고 골프화와 골프채를 가져다주었다. 두 사람은 골프장으로 나가 카트를 타고 1번 홀로 향했다.

"한번 쳐보시겠습니까?"

이강선 프로가 카트에서 내리는 호암에게 권했다.

"그럴까?"

호암은 빙긋이 웃으며 1번 홀 티그라운드 앞에 섰다. 그리고 힘차게 스윙을 했지만 공이 맞지 않았다. 호암은 고개를 갸우뚱하더니 두 번째 스윙을 했다. 이번에는 공이 맞았지만 10미터 정도 굴러가다 멎었다.

"이강선 프로, 같이 칩시다."

호암이 이강선 프로에게 말했다. 이강선은 기다렸다는 듯 티샷을 날렸다. 공은 시원스럽게 골프장 저쪽으로 뻗어나갔다. 호암은 이제 다음 지점으로 가자며 이강선에게 카트를 운전해 달라고 부탁했다. 세컨트 샷 지점에서부터는 호암도 평상시처럼 플레이를 했다. 이윽고 3번 홀에 이르자 주위는 많이 어두워졌다.

"그만 들어가실까요?"

이강선이 물었다. 호암은 고개를 끄덕이는 것으로 대답을 대신했다. 하지만 못내 아쉬웠다. 호암은 넌지시 이강선에게 4번 홀을 마친 후 5, 6번 홀은 건너뛰고 8번 홀로 옮겨가고 싶다는 뜻을 내비쳤다. 이강선은 선뜻 그러자고 했다. 호암이 조금이라도 더 골프를 치고 싶어 한다는 사실을 알았던 것이다.

호암이 4번 홀에 섰을 때는 공이 보이지 않아 더 이상 플레이를 할 수 없었다. 하지만 호암의 마음을 눈치 챈 주위 사람들이 골프장 카트와 오토바이, 승용차 헤드라이트를 필드 쪽으로 밝혀주어 8번 홀을 지나 9번 홀까지 마칠 수 있었다. 더 이상은 체력이 따라주지 않았다.

호암은 10번 홀을 천천히 둘러보았다. 많은 생각들이 떠올랐다 사라졌다.

내가 다시 이곳에 올 수 있을까. 다시 골프채를 잡을 수 있을까.

호암은 카트를 타고 10번 홀 그린을 돌아보았다. 한 번, 두 번, 세 번. 어둠은 갈수록 짙어져갔다. 호암은 마침내 아쉬운 마음을 접고 골프장을 떠났다. 마지막 골프였다.

그 이틀 후에는 삼성종합기술원 개원식이 열렸다. 호암은 1982년부터 1986년까지 모두 4600억 원을 종합기술원에 투자했다. 기술 개발의 중요성을 누구보다 잘 알고 있었기 때문이었다. 특히 1986년에는 삼성그룹 매출액의 4%에 이르는 2200억 원을 쏟아 부었다. 틈만 나면 이야기했던 '기술은 돈보다 중요하다.' 는 말을 몸소 실천한 것이다. 삼성종합기술원 입구에 있는 비석에 새겨진 글귀를 보면 호암이 얼마나 기술을 중요시했는지 알 수 있다.

'기술혁신과 첨단기술에 대한 과감한 도전이야말로 자원 빈국인

우리나라가 살 수 있는 길이다.'

호암은 개원식에 참석해 자신의 마지막 작품을 보고 어루만져주고 싶었다. 하지만 몸속에서 요동치는 암 때문에 어쩔 수 없이 포기해야만 했다. 참으로 아쉬운 일이었다.

다음 날인 10월 23일 오전. 호암은 자신을 부축하려는 식구들의 손을 뿌리치고 걸어서 차에 올랐다. 차는 호암을 태우고 곧장 고려병원으로 향했다. 마지막 나들이였다.

병원에 도착한 호암은 주치의를 찾아갔다. 주치의는 곧바로 호암을 CT촬영실로 안내했다. 호암이 침대에 눕자 경험이 풍부해 보이는 간호사가 주사를 들고 바늘을 꽂을 혈관을 찾았다. 하지만 어쩐일인지 간호사는 혈관을 제대로 찾지 못해 호암의 몸에 여러 번 주사바늘을 찔렀다. 그래도 호암은 아무런 내색을 하지 않다가 간호사가 나가고 나서야 주치의에게 웃으며 말했다.

"검사 과정이 참 힘들군요."

그날 호암은 자신이 다시는 일어서지 못하리라는 것을 알았다. 주치의는 최대한 긍정적으로 검사 결과를 설명해 주었지만 가족들의 표정은 딱딱하게 굳어 있었던 것이다. 더는 물어보고 싶은 것도, 물어볼 것도 없었다.

마침내 11월 6일, 호암은 서울대병원에 입원했다. 서울대병원 및 고려대병원의 의료진과 미국 슬로언-캐터링 암센터 방사선과 김

▲ 삼성종합기술원. 삼성종합기술원은 기술에 대한 호암의 집념이 모두 녹아 있는 결정체다.

재호 박사 등이 모여 최선을 다해 치료했지만 호암의 병세는 급격히 나빠졌다. 호암이 힘들어 하는 모습을 그저 지켜볼 수밖에 없는 가족들은 속으로만 깊은 눈물을 흘렸다. 눈물을 보이면 호암이 가슴 아파할 것이 분명했기 때문이었다. 호암은 그런 아내와 자식들의 마음을 잘 알고 있었다. 비록 생명은 꺼져가고 있었지만 호암은 아내와 자식들의 손을 하나하나 잡으며 걱정하지 말라고 위로했다.

11월 19일이 되자 호암은 점점 더 숨쉬기가 힘들어졌다. 시간이 갈수록 숨구멍이 좁혀지는 느낌이었다. 호암은 더 이상 병원에 있을 필요가 없다고 판단하고 집에 가겠다는 뜻을 밝혔다. 병원에서 마지막 순간을 맞이하고 싶지는 않았던 것이다. 가족들도 어쩔 수 없이 호암의 뜻을 따랐다.

집으로 옮겨져 방 침대에 누운 호암은 가족들에게 이건희만 남고 모두 나가 있으라고 말했다. 자신의 뒤를 이어 삼성을 책임질 아들이건희에게 남길 말이 있었던 것이다.

"건희야…."

호암은 나직이 아들의 이름을 불렀다.

"네, 아버님."

이건희는 울먹이는 목소리로 대답했다.

"…가까이 오너라. …네 얼굴을 보고 싶구나."

이건희는 기다렸다는 듯 가까이 다가가 아버지의 손을 잡아주었다.

"행하는 자 이루고… 가는 자 닿는다고 했다. …그동안 내가 일군 모든 사업들은… 내 인생에 빛나는 기회를 만들어주었다. …기뻤다. …고통스러운 순간도 있었지만 돌이켜보면 참으로 즐겁고 행복했던 삶이었다. …건희야, 삼성은 나라의 기업이다. …삼성이 흔들리면 나라가 흔들린다. …부디 나라를 먼저 생각하고… 나라에 이로운 방향으로 삼성을 이끌어다오."

호암은 때때로 깊은 숨을 토해 내며 천천히 말을 이어나갔다.

"네, 아버님. 아버님 말씀 가슴 깊이 새기겠습니다."

이건희는 힘주어 대답했다.

"…너에게 큰 짐을 지워서 미안하구나. …하지만 건희야. …나는 널 믿는다."

호암은 부드럽게 미소를 지어보이고 스르르 눈을 감았다.

"아버님, 아버님, 정신 차리세요, 아버님."

당황한 이건희는 숨을 쉬지 않는 호암의 몸을 끌어안고 울부짖었다. 그 소리를 듣고 가족들이 모두 방 안으로 들어왔다. 하지만 한번 감긴 호암의 눈은 더 이상 열리지 않았다. 가쁜 숨소리도 들리지 않았다. 1987년 11월 19일 오후 5시 5분이었다. 한국 경제계를 이끌었던 영웅, 호암 이병철의 삶이 문을 닫은 것이다. 그의 나이 78세였다.

발전이 멈추면 그것이 곧 죽음이다

보보시도장(步步是道場), 이것이 인생이다. 언제 어디서 들은 말인지는 모르지만 나는 가끔 이 말을 되새겨본다. 사람은 늙어서 죽는 것이 아니다. 한 걸음 한 걸음 길을 닦고 스스로를 닦아나가기를 멎을 때 죽음이 시작되는 것이라는 생각이 든다.

– 1976. 6. '재계회고' (서울경제신문)에서

여전히 살아 숨 쉬는
거대한 신화

1987년 11월 19일 오후 6시경. 국내 언론사 편집국과 보도국 기자들이 바쁘게 움직이기 시작했다. 삼성그룹 측이 병으로 입원해 있던 호암이 끝내 숨을 거두었다고 공식 발표한 것이다. 국내 언론뿐만 아니라 세계 언론들도 이 소식을 긴급 뉴스로 전했고, 전 세계 언론사는 일제히 '한국을 대표하는 기업인이 세상을 떠났다.'고 보도했다.

그날 저녁부터 빈소가 마련된 서울 용산구 이태원동 자택에는 정치인과 경제인을 비롯한 수많은 사람들의 조문 행렬이 끊이질 않았다. 그들은 하나같이 나라의 큰 별이 졌다며 아쉬운 마음을 감추지 못했다.

11월 23일 오전 8시. 발인을 마친 호암의 유해는 호암아트홀로 옮겨졌다. 장례식에서 전 조계종 총무원장 녹원 스님이 법어를 했고, 오랜 라이벌인 현대그룹 정주영 회장도 조사를 했다.

"…호암 이병철 회장이 뛰어난 사업가였다는 것은 세상 모든 사람들이 다 알 것이다. 호암은 치밀한 판단력과 사물을 꿰뚫어보는 밝은 눈으로 삼성이라는 대그룹을 일구었고, 오늘날 삼성이 한국의 울타리를 뛰어넘어 세계로 나아갈 수 있는 디딤돌을 놓았다…."

정주영 회장에 이어 일본 측 조문단에서는 이토추상사伊藤忠商事의 세지마 류조瀬島龍三 회장이 대표로 조사를 했고, 미국 측에서는 GE의 잭 웰치 회장이 조사를 했다. 그들은 모두 "호암은 존경할 수밖에 없는 탁월한 경영인이다. 호암을 보면 한국 경제가 기적이라 불릴 만큼 놀라운 성장을 한 이유를 알 것이다."며 찬사를 아끼지 않았다.

10시 30분, 장례식장을 떠나 태평로 삼성본관에 도착한 호암의

▲ 호암아트홀에서 삼성그룹장으로 거행된 영결식

유해는 고인의 손길이 배어 있는 28층을 돌며 고별식을 가졌다. 그 모습을 지켜보던 3000여 삼성 가족들은 눈물로 호암을 떠나보냈다.

호암의 유해는 살아 있을 때 가장 많은 애착을 보였던, 가장 많은 피와 땀을 쏟았던 수원 전자단지와 기흥 반도체단지, 그리고 삼성 종합기술원을 마지막으로 둘러보고 오후 2시 용인자연농원의 햇볕이 잘 드는 언덕에 묻혔다. 그곳은 20여 년 전 맏아들 이맹희(李孟熙)가 용인자연농원 땅을 고르고 있을 무렵 호암이 격려차 들렀다가 보고 정한 자리였다. 그때 호암은 이맹희에게 말했었다.

"저곳이 자리가 좋다. 앞에는 물이 흐르고, 뒷산도 아늑하다. 저만 하면 여름에는 시원하고 겨울에는 따뜻하겠다."

▲ 임직원들의 애도 속에 치러진 삼성본관 옆 노제

그로부터 20여 년이 흐른 지금, 비록 호암은 세상에 없지만 그가 한국 경제에 남긴 발자취는 여전히 굵고 깊다. 호암은 모두가 힘들고 어려웠던 시절 남다른 식견과 강한 의지로 한국 경제와 산업을 든든한 바탕 위에 올려놓은 인물이다. 호암, 그는 여전히 살아 있는 신화다. 거대한 신화다.

아버지 호암이 삼성을 국내 최고 기업으로 만들었다면 그의 뒤를 이어 회장에 오른 셋째 아들 이건희는 삼성을 글로벌 초우량기업으로 성장시켰다. 아버지가 세상을 떠날 때 남긴 마지막 말에 대한 대답, 그 약속을 지킨 것이다.

인간사회 최고의 미덕은 봉사

나는 인간사회에 있어서 최고의 미덕은 봉사라고 생각한다. 인간이 경영하는 기업의 사명도 의심할 여지없이 국가, 국민 그리고 인류에 봉사하는 것이어야 한다.

– 1987. 1. 7. 매일경제신문 기고문에서

1910년	2월 12일 경남 의령군 정곡면 중교리에서 아버지 이찬우와 어머니 안동 권씨 사이에서 둘째 아들로 태어남.
1916년	할아버지 이홍석 공이 세운 서당 문산정에서 한학을 배움.
1922년	3월 지수보통학교 3학년에 편입했다가 같은 해 9월 서울수송공립보통학교로 편입.
1925년	4월 서울중동중학교 속성과 편입.
1926년	4월 서울중동중학교 본과 입학.
1927년	1월 사육신의 한 사람인 박팽년의 후손 박두을과 결혼.
1930년	4월 일본 와세다대학교 전문부 정경과 입학.
1931년	9월 병으로 학업을 중단하고 고향으로 돌아옴.
1936년	3월 경남 마산에서 협동정미소 설립.
	8월 히노데자동차를 인수해 트럭 20대로 운수업을 시작함.
1937년	6월 토지사업 확장, 200만 평을 가진 대지주가 됨.
	9월 중일전쟁으로 토지사업을 정리함.
1938년	3월 1일 자본금 3만 원으로 대구시 수동에 삼성상회 설립.
1939년	조선양조 인수.
1945년	10월 「대구민보」 경영에 참여.
1948년	11월 삼성물산공사 설립(서울 종로 2가).
1950년	12월 대구로 피난을 떠남.
1951년	1월 임시 수도 부산에서 삼성물산 설립.
1953년	8월 1일 제일제당 설립.
1954년	9월 15일 제일모직 설립.
1955년	12월 20일 대한정당판매㈜ 설립.
1957년	1월 국내 최초로 사원 공개채용 시험 실시.
	2월 제일은행과 동양제당 인수, 대한정당

	판매㈜ 해산.
1958년	1월 25일 삼척시멘트(1958. 9. 양도 후 동양시멘트가 됨) 인수.
	2월 21일 안국화재 인수. 10월 10일 상업은행 인수.
	12월 19일 장미라사㈜ 설립, 동일방직·근영물산·한국타이어 인수.
1959년	4월 9일 조흥은행 인수. 12월 5일 동일방직 양도.
1961년	8월 16일 한국경제인협회(지금의 전국경제인연합회) 초대 회장 취임.
1963년	2월 26일 동양TV방송㈜ 설립.
	3월 2일 효성물산·한국타이어·한일나일론 양도.
	6월 25일 라디오서울방송㈜ 설립.
	7월 15일 동방생명(1989. 7. 삼성생명으로 이름을 바꿈)·동화백화점(1963. 11. 신세계로 이름을 바꿈)·동남증권·동양화재·대한제유 인수.
	12월 23일 동화부동산(1966.5. 중앙개발 → 1997. 10. 삼성에버랜드로 이름을 바꿈) 인수.
	12월 28일 미풍산업 설립.
1964년	1월 29일 삼성장학회 설립.
	5월 9일 라디오서울 개국.
	7월 15일 대구대학 인수.
	8월 27일 한국비료 설립.
	11월 30일 삼성물산 제1회 수출의 날에 대통령상 수상.
1965년	3월 17일 중앙일보㈜ 설립.
	4월 1일 삼성문화재단 설립.
	9월 9일 성균관대학교 인수.
1966년	4월 1일 사단법인 대한암협회 회장.
	5월 19일 고려병원 설립, 대구대학 양도.

10월 5일 서울FM방송㈜, 동양방송에 흡수 합병.

1967년 2월 16일 새한제지(1968. 8. 전주제지 → 1992. 1. 한솔제지로 이름을 바꿈) 인수

7월 18일 동양화재해상보험 양도

10월 16일 한국비료 국가에 헌납.

12월 18일 삼성물산 뉴욕지점 현지법인 설립.

1968년 6월 16일 안양컨트리클럽 개장.

1969년 1월 13일 삼성전자공업주식회사(1984. 2. 삼성전자로 이름을 바꿈) 설립.

12월 4일 삼성산요전기(1974. 3. 삼성전기 → 1977. 3. 삼성전자에 통합) 설립.

1970년 1월 20일 삼성NEC(1984. 2. 삼성전관 → 1992. 12. 삼성SDI로 이름을 바꿈) 설립.

2월 1일 동양방송 FM, 한국 최초로 스테레오 방송 시작.

1971년 2월 18일 사재 150억 원 처리 방안 발표.

9월 15일 삼성일렉트릭(1977. 3. 삼성전자에 통합) 설립.

1972년 7월 1일 제일합섬(1993. 새한으로 분리) 설립.

1973년 1월 17일 제일기획㈜ 설립.

5월 9일 임피리얼(1973. 11. 호텔신라로 이름 바꾸고, 1979. 3. 8. 개관) 설립.

7월 26일 삼리복장 설립.

8월 8일 삼성산요파츠(1974. 3. 삼성전기파츠 → 1977. 5 삼성전자부품 → 1987. 2. 삼성전기로 이름을 바꿈) 설립.

12월 20일 삼성코닝 설립.

1974년 7월 10일 삼성석유화학 설립.

8월 5일 삼성중공업 설립.

1975년 3월 5일 제일제당 종합식품연구소 설립.

5월 6일 제일모직 기업 공개.

1976년 4월 17일 용인자연농원 개장.

1977년 2월 8일 삼성종합건설(1993. 7. 삼성건설 → 1995. 12. 삼성물산에 통합) 설립.

4월 22일 우진조선 인수해 삼성조선(1983. 1. 삼성중공업에 통합) 설립.

5월 3일 대성중공업(1983. 1. 삼성중공업에 통합) 인수.

8월 1일 삼성정밀공업(1987. 2. 삼성항공산업

→ 2000년 삼성테크윈으로 이름을 바꿈) 설립.

12월 30일 한국반도체(1983. 3 삼성반도체 → 1980. 3. 삼성전자에 통합) 인수.

1978년 4월 26일 코리아엔지니어링(1991. 1. 삼성엔지니어링으로 이름을 바꿈) 인수.

8월 20일 신원개발(1979. 5. 삼성종합건설에 통합) 인수.

10월 14일 개인 소장 문화재(국보 7점, 보물 4점 등 1,100여 점을 삼성미술문화재단에 기증.

12월 7일 동양 최대 규모의 여의도 A스튜디오 준공.

1979년 1월 18일 삼성전자부품 기업 공개.

4월 17일 미국의 베슨대학으로부터 '최고 경영자상' 수상.

1980년 4월 14일 한국전자통신(1982. 12. 삼성반도체통신에 합병 → 1988. 11. 삼성전자에 통합) 인수.

1981년 1월 10일 한국안전시스템(1996. 3. 에스원으로 이름을 바꿈) 인수.

1982년 2월 3일 프로야구단 삼성라이온즈 창단.

4월 2일 미국 보스턴대학교에서 명예 경영학 박사학위를 받고 기념강연. 보스턴대학교에서 이날을 '이병철의 날'로 정함.

4월 22일 삼성문화재단 호암미술관 개관.

1983년 6월 27일 삼성시계 설립.

1984년 1월 18일 삼성전자, 합작회사 삼성-휴렛팩커드 설립.

1월 28일 제일제당, 미국에 해외 합작법인 유진텍인터내셔널 설립.

4월 20일 삼성의료기기 설립.

1985년 1월 22일 삼성유나이티드항공 설립.

5월 1일 삼성데이타시스템 설립.

1986년 2월 22일 자서전 『湖巖自傳』 출판.

7월 1일 삼성경제연구소 발족.

1987년 3월 24일 삼성항공산업, 삼성항공우주연구소 설립.

6월 16일 삼성반도체통신 미국 실리콘밸리에 반도체공장 준공.

10월 22일 삼성종합기술원 개원.

11월 19일 세상을 떠남.

참고 문헌

이병철, 『호암자전』, 중앙일보사, 1986년

이원수, 『이병철, 그는 누구인가』, 자유문학사, 1983년

전범성, 『실록소설 이병철』, 서문당, 1985년

이맹희, 『묻어둔 이야기』, 청산, 1993년

호암재단, 『기업은 사람이다』, 을지서적, 1998년

홍하상, 『이병철 경영대전』, 바다출판사, 2004년

박상하, 『이병철과의 대화』, 이룸미디어, 2007년

송년식, 『대한민국 기업인 이병철』, ㈜영림카디널, 2007년

조준상, 『재계의 거목 호암 이병철』, 소담출판사, 2007년